19

DAS ANDERE

A MARCA DO EDITOR

A *marca do editor*
Título original: *L'impronta dell'editore*
© Roberto Calasso, 2014
© Editora Âyiné, 2020
Todos os direitos reservados
Tradução: Pedro Fonseca
Preparação: Silvia Massimini Felix
Revisão: Andrea Stahel, Juliana Amato
Capa: Julia Geiser
Projeto gráfico: Luísa Rabello
ISBN: 978-85-92649-61-6

Editora Âyiné
Belo Horizonte, Veneza
Direção editorial: Pedro Fonseca
Assistência editorial: Érika Nogueira Vieira, Luísa Rabello
Produção editorial: André Bezamat, Rita Davis
Conselho editorial: Lucas Mendes de Freitas,
Simone Cristoforetti, Zuane Fabbris
Praça Carlos Chagas, 49 – 2º andar
30170-140 Belo Horizonte – MG
+55 31 3291-4164
www.ayine.com.br
info@ayine.com.br

ROBERTO CALASSO
A MARCA DO EDITOR

Tradução de Pedro Fonseca

Âyiné

SUMÁRIO

I

Os livros únicos   11

II

A edição como gênero literário   83

A orelha das orelhas   97

III

Giulio Einaudi   107

Luciano Foà   119

Roger Straus   125

Peter Suhrkamp   129

Vladimir Dimitrijević   133

IV

Faire plaisir   141

A obliteração dos perfis editoriais   149

A folha solta de Aldo Manúcio   157

Nota aos textos   172

I

Os livros únicos

No início, falava-se em *livros únicos*. A Adelphi ainda não havia encontrado um nome. Havia apenas algumas orientações certas: a edição crítica de Nietzsche, que era suficiente para nortear todo o resto; e uma coleção de clássicos estruturada em critérios bastante ambiciosos: fazer bem o que antes se fizera com negligência, e fazer pela primeira vez o que havia sido ignorado até então. Seriam impressos por Mardersteig, assim como o Nietzsche. Naquela época isso parecia normal, quase obrigatório, porém hoje seria inconcebível (custos muito maiores etc.). Gostávamos de pensar que esses livros estavam sendo confiados ao último dos grandes impressores clássicos, mas gostávamos ainda mais de saber que aquele mestre da tipografia trabalhara por muito tempo com Kurt Wolff, o editor de Kafka.

Para Bazlen, que tinha uma das mentes mais rápidas que já vi, a edição crítica de Nietzsche era quase uma obviedade incontornável. Com que outra coisa se poderia começar? A Itália ainda era dominada por uma cultura na qual o epíteto «irracional» implicava a mais severa condenação. E o decano de toda «irracionalidade» não poderia ser outro além de Nietzsche. De resto, sob o rótulo dessa palavra incongruente, inútil para o pensamento, encontrava-se de tudo. E se encontrava também uma vasta parte do essencial, que muitas vezes ainda não tinha acesso ao mercado editorial italiano, sobretudo por causa dessa marca depreciativa.

Na literatura, o *irracional* adorava unir-se ao *decadente*, outro termo depreciado sem apelo. Não apenas certos autores, mas certos gêneros eram condenados em princípio. Hoje, a várias décadas de distância, isso pode ser motivo de riso e suscitar incredulidade, mas quem tem boa memória se lembrará de que o próprio *fantástico* era considerado suspeito e nebuloso. Basta isso para compreender que a ideia de ter como número 1 da Biblioteca Adelphi um romance como *Die andere Seite* [O outro lado], de Kubin, um exemplo do fantástico em estado quimicamente puro, podia soar até como uma provocação, agravada ainda mais pela proximidade, no número 3 da coleção, de outro romance fantástico: o *Manuscrito encontrado em Saragoça*, de Jan Potocki (e não importava se nesse caso se tratava de um livro que, baseando-se na data em que fora escrito, poderia ser considerado um clássico).

OS LIVROS ÚNICOS

Quando Bazlen me falou pela primeira vez dessa nova editora que viria a ser a Adelphi — posso dizer o dia e o lugar, porque era meu vigésimo primeiro aniversário, maio de 1962, na casa de campo de Ernst Bernhard em Bracciano, onde Bazlen e Ljuba Blumenthal estavam hospedados por alguns dias —, é claro que mencionou prontamente a edição crítica de Nietzsche e a futura coleção dos Clássicos. E ambas o entusiasmavam. Mas o que mais o animava eram os outros livros que a nova editora publicaria: aqueles que Bazlen descobrira ao longo dos anos e nunca havia conseguido *emplacar* nas várias editoras italianas com as quais colaborara, da Bompiani à Einaudi. Do que se tratava? A rigor, podia tratar-se de qualquer coisa. De um clássico tibetano (Milarepa) ou de um desconhecido autor inglês de um único livro (Christopher Burney), ou, ainda, da introdução mais popular àquele novo ramo da ciência que era então a etologia (*O anel do rei Salomão*), ou de alguns tratados sobre o teatro nô escritos entre os séculos XIV e XV. Estes foram alguns, dentre os primeiros *livros que deveriam ser publicados*, que Bazlen citou. Qual a relação entre eles? Não era evidente. Foi então que Bazlen, para se fazer entender, começou a falar em *livros únicos*.

O que é um *livro único*? O exemplo mais eloquente, de novo, é o número 1 da Biblioteca: *Die andere Seite*, de Alfred Kubin. Único romance de um não romancista. Livro que se lê como se estivéssemos entrando e permanecendo em uma alucinação poderosa. Livro que foi escrito durante um delírio que durou três meses. Não houve nada semelhante, na vida de Kubin, antes daquele momento; nada semelhante depois. O romance coincide perfeitamente com *algo que aconteceu*, uma única vez, ao autor. Existem apenas dois romances que precedem a obra de Kafka e nos quais já se respirava a atmosfera desse autor: *Die andere Seite*, de Kubin, e *Jakob von Gunten*, de Robert Walser. Ambos encontrariam lugar na Biblioteca. Mesmo porque, se, ao lado da ideia do livro único, fosse possível falar de um *autor único* para o século XX, no mesmo instante se apontaria Kafka.

Por fim: livro único é aquele em que imediatamente se reconhece que *aconteceu alguma coisa* ao autor e essa coisa terminou por se depositar em um escrito. Nesse ponto é preciso ter em mente que em Bazlen havia uma perceptível intolerância em relação à escritura. Paradoxalmente, considerando que havia passado a vida inteira apenas entre os livros, o livro era para ele um resultado secundário, que pressupunha outra coisa. Era necessário que quem escrevia tivesse passado por essa outra coisa, que a tivesse vivido no íntimo e a absorvido na fisiologia, eventualmente (mas não de forma obrigatória) transformando-a em estilo. Se isso acontecia, esses eram os livros que mais atraíam Bazlen. Para compreender tudo isso, é importante recordar que Bazlen crescera nos anos de máxima aspiração de autossuficiência da pura palavra literária — os anos de Rilke, Hofmannsthal, George. E como consequência havia desenvolvido certas alergias. A primeira vez que o vi, enquanto falava com Cristina Campo sobre suas — maravilhosas — versões de William Carlos Williams, insistia apenas em um ponto: «Não é necessário sentir demasiado o *Dichter*», o «poeta-criador», no sentido de Gundolf e de toda uma tradição alemã que descendia de Goethe (e cujo grande significado Bazlen, por outro lado, conhecia perfeitamente).

Os livros únicos também eram, portanto, livros que haviam corrido um grande risco de não chegarem a se tornar livros. A obra perfeita é aquela que não deixa rastros, era possível deduzir de Chuang-tzu (o verdadeiro mestre de Bazlen, se tivéssemos de mencionar apenas um). Os livros únicos eram semelhantes ao *resíduo*, *śesa*, *ucchita*, sobre os quais não cessavam de especular os autores dos Brāhmana e aos quais o *Atharva Veda* dedica um hino grandioso. Não há sacrifício sem resíduo — e o mundo inteiro é um resíduo. Por isso é necessário que os livros existam. Mas é necessário também recordar que, se o sacrifício tivesse conseguido não deixar um resíduo, os livros jamais teriam existido.

Os livros únicos eram livros em que — em situações, épocas, circunstâncias e de maneiras muito diferentes — se havia jogado o Grande Jogo, no sentido do *Grand Jeu* que dera nome à revista de Daumal e Gilbert-Lecomte. Esses dois adolescentes atormentados, que aos vinte anos haviam lançado uma revista em relação à qual o surrealismo de Breton parecia pomposo, retórico e até retrógrado, eram para Bazlen a prefiguração de uma nova antropologia, fortemente hipotética, em direção à qual os livros únicos se dirigiam. Antropologia que pertence ainda, da mesma maneira ou até mais que antes, a um eventual futuro. Quando irrompeu o 68, poucos anos mais tarde, achei-o acima de tudo irritante, como uma paródia grosseira. Se pensássemos no *Grand Jeu*, aquela era uma maneira modesta e gregária de se rebelar, como ficaria bastante evidente nos anos seguintes.

O monte Análogo ao qual Daumal dedicou seu romance inacabado (que viria a ser o número 19 da Biblioteca, acompanhado de um denso ensaio de Claudio Rugafiori) era o eixo — visível e invisível — em direção ao qual a pequena frota dos livros únicos orientava a rota. Mas isso não deve levar a pensar que esses livros tinham sempre uma aura de esoterismo. Como prova do contrário, seria suficiente o número 2 da Biblioteca, *Pai e filho*, de Edmund Gosse: um relato minucioso, equilibrado e dilacerante de uma relação pai-filho no período vitoriano. A história de uma inevitável incompreensão entre dois seres solitários, uma criança e um adulto, que sabem, por sua vez, respeitar-se inflexivelmente. Como pano de fundo: geologia e teologia. Edmund

Gosse se tornaria mais tarde um ótimo crítico literário. Mas já quase sem rastros daquele ser que é narrado em *Pai e filho*, o ser ao qual *Pai e filho* se refere. Por isso *Pai e filho*, como texto memorialístico, possui algo da unicidade do romance *Die andere Seite*, que o precedera na Biblioteca.

Entre livros tão diferentes, qual podia ser então o requisito indispensável, que devia ser reconhecido de qualquer maneira? Talvez apenas o «tom exato», outra expressão que Bazlen por vezes usava como argumento peremptório. Nenhuma experiência, por si só, era suficiente para dar vida a um livro. Existiam inúmeros casos de acontecimentos fascinantes e significativos que, entretanto, haviam dado origem a livros inertes. Também aqui era preciso um exemplo: durante a última guerra muitos haviam padecido prisões, deportações, torturas. Mas, se quiséssemos constatar como a experiência do isolamento total e do desamparo completo poderia se elaborar e se tornar a descoberta de algo além, que é narrado com sobriedade e transparência, era preciso ler *Solitary Confinement* [Confinamento solitário], de Christopher Burney (número 18 da Biblioteca). E o autor, depois desse livro, voltaria a se perder no anonimato. Talvez porque não pretendesse ser escritor de uma obra, mas porque uma obra (esse livro único) havia se servido dele para existir.

Uma vez escolhido o nome da coleção, era preciso então criar sua aparência. Concordamos de imediato sobre o que gostaríamos de evitar: o branco e os designers gráficos. O branco porque era o ponto forte da gráfica Einaudi, a melhor então em circulação — e não apenas na Itália. Era, portanto, absolutamente necessário que tentássemos nos diferenciar ao máximo. Por isso investimos na cor e no papel fosco (nosso *imitlin*, que nos acompanha desde então). Em relação às cores, aquelas que eram utilizadas na época na editoria italiana eram de certo modo poucas e grosseiras. Várias gamas de tonalidades intermediárias permaneciam inexploradas.

Queríamos evitar os designers gráficos, porque — fossem muito bons ou medianos — compartilhavam do mesmo vício: qualquer coisa que fizessem, notava-se no mesmo instante que fora idealizada por um designer gráfico, de acordo com certas regras um tanto carolas observadas pelos seguidores da vulgata modernista. Pensávamos que existiam outros caminhos. E certo dia começou a circular na editora um portfólio das obras de Aubrey Beardsley. Havia também algumas *maquettes* de capas desenhadas por ele para a coleção Keynotes, de John Lane, Vigo St., Londres, no ano de 1895. Com algumas pequenas variações — colocando os dizeres Biblioteca Adelphi no friso que Beardsley havia inserido na faixa superior preta —, a capa estava pronta. E dessa maneira dispúnhamos de uma moldura para introduzir um elemento que considerávamos essencial: a imagem. Assim,

OS LIVROS ÚNICOS

em homenagem a Beardsley decidimos que o número 2 da coleção — *Pai e filho*, de Edmund Gosse — abrigaria dentro da moldura o desenho que Beardsley idealizara para *The Mountain Lovers* [Os amantes da montanha], de Fiona Macleod.

Muitos anos depois fui surpreendido ao encontrar, em um antiquário, a brochura publicitária que apresentava a coleção Keynotes. E quase tive uma sensação de alucinação quando vi reproduzida a capa desenhada por Beardsley para *Prince Zaleski* [O príncipe Zaleski], de M. P. Shiel. Que convergência astral... Totalmente esquecido na Inglaterra, M. P. Shiel era o autor de *A nuvem púrpura*, que talvez tenha sido a última descoberta entusiasmante de Bazlen, quando procurava livros para a Adelphi, e iria se tornar também um dos primeiros sucessos imediatos da Biblioteca. Publicado em 1967, magistralmente traduzido e introduzido por Wilcock, foi reimpresso e se tornou um daqueles livros — como *O livro disso*, de Groddeck — dos quais e nos quais se reconheciam os primeiros leitores adelphianos.

Nome, papel, cores, projeto gráfico: os elementos essenciais da coleção. Faltava, todavia, aquilo pelo qual um livro se deixa reconhecer: a imagem. O que deveria representar a imagem na capa? O *avesso da écfrase* — hoje eu definiria assim. Naturalmente, nunca dissemos nada semelhante, mas agíamos como se aquilo estivesse subentendido. *Écfrase* era o termo que se usava, na Grécia antiga, para indicar o procedimento retórico que consiste em traduzir em palavras as obras de arte. Existem escritos — como as *Imagens* de Filóstrato — dedicados apenas à écfrase. Entre os modernos, o virtuose supremo da écfrase foi Roberto Longhi. Na verdade, pode-se dizer que os momentos mais audazes e reveladores em seus ensaios são as descrições dos quadros, muito mais do que as discussões e as análises. Mas, para além de Longhi, o inigualável mestre da écfrase permanece sendo Baudelaire. Não apenas em prosa, mas em versos: quando definia Delacroix como «*lac de sang hanté des mauvais anges*» [lago de sangue assombrado por anjos maus] ou David como «*astre froid*» [estrela fria], Baudelaire dizia o que de mais preciso e insubstituível a palavra conseguiu alcançar sobre aqueles dois pintores. Ora, o editor que escolhe uma capa — quer saiba ou não — é o último, o mais humilde e obscuro descendente da estirpe daqueles que praticam a arte da écfrase, mas aplicada desta vez ao avesso, tentando encontrar o equivalente ao *analogon* de um texto em uma única imagem. Quer saibam ou não, todos os editores que usam imagens praticam a arte da écfrase ao avesso. Mesmo as capas tipográficas são uma aplicação dessa arte, ainda que mais dissimulada e atenuada. E isso sem distinções de qualidade: para um romance de *pulp fiction* aquela arte não é menos importante do que para um livro de desmedidas ambições literárias. Mas aqui é necessário acrescentar um detalhe decisivo: trata-se de uma arte marcada por uma dura servidão. A imagem que deve ser o *analogon* do livro é escolhida não por si mesma, mas também e sobretudo por causa de uma entidade indefinida e ameaçadora que atuará como juiz: o público. Não é suficiente que a imagem seja adequada. Terá de ser percebida como apropriada por múltiplos olhares estranhos, que geralmente nada sabem em relação àquilo que encontrarão no livro. Situação paradoxal, quase cômica em seu embaraço: é preciso oferecer uma imagem que desperte a curiosidade e faça com que um desconhecido tome nas mãos um objeto do qual nada sabe a não ser o nome do autor (que com frequência vê pela primeira vez), o título, o nome da editora e a orelha (texto sempre suspeito, porque escrito *pro domo*). Mas ao mesmo tempo a imagem da capa deveria resultar adequada mesmo *depois* de o desconhecido ter lido o livro, ao menos para que não pense que o editor não sabe o que publica. Duvido que muitos editores tenham se dedicado a pensar nesses termos. Mas sei que todos indiscriminadamente — os melhores e os insignificantes — pensam todos os dias em uma questão que apenas em aparência é simples: aquela determinada imagem vende ou não vende? Se observada de perto, a questão é mais semelhante a um *kōan* do que a qualquer outra coisa. *Vender* indica aqui um processo no mínimo obscuro: como suscitar desejo por algo que é um objeto elaborado, em grande medida desconhecido e ao mesmo tempo também amplamente elusivo? Nos Estados Unidos e na Inglaterra, todos os dias equipes de sofisticados *art directors* encontram-se nesta situação: recebem *um sujeito* (um livro, que não necessariamente lerão), dotado de algumas características primárias e secundárias (a tiragem prevista, o tipo de público ao qual se dirige, os argumentos de que trata e que podem ser mais atrativos). A tarefa da equipe é encontrar a imagem e o *packaging* mais eficaz no qual envolvê-lo. O resultado são os livros americanos e ingleses de hoje. Às vezes feios, às vezes brilhantes, mas sempre ligados a esse procedimento que os torna extremamente parecidos. É como se uma mesma central, que dispõe de alguns setores altamente especializados e de outros bastante ordinários, fosse responsável por fornecer todas as capas vendidas no catálogo de um livreiro. Pode-se gostar ou não do sistema, mas é certo que, no que diz respeito à Adelphi, se aplica sempre um sistema oposto.

Antes de tudo pensávamos que, no infinito repertório das imagens existentes — fossem elas quadros, fotografias ou desenhos —, poderíamos encontrar sempre, com um pouco de paciência e persistência, algo adequado para o livro que estávamos para publicar. Por isso nunca encomendamos uma capa. Por isso, por mais de trinta anos, Foà e eu selecionamos, aprovando e reprovando, centenas e centenas de imagens, formatos, cores de fundo. Bazlen não pôde participar desse jogo, pois o final da impressão do primeiro volume da Biblioteca coincidiu com o mês de sua morte: julho de 1965. Mas de diferentes maneiras participavam e participam do jogo todos os colaboradores da editora. Inclusive os autores, quando disponíveis. E toda sugestão de fora é sempre bem-vinda. Porque às vezes a escolha é um quebra-cabeça. E não faltam os arrependimentos — e os arrependimentos pelos arrependimentos. Apenas um exemplo: para *Pai e filho*, de Gosse, quando chegou a hora da segunda edição pensamos em mudar a capa, substituindo as flores de Beardsley pela esplêndida fotografia de Gosse, pai e filho, que na primeira edição fora disposta ao lado da folha de rosto. Hoje talvez eu me inclinasse a voltar à origem.

A arte da écfrase ao avesso necessita de tempo — de muito tempo — para se desenvolver, expandir-se, respirar. Seu objetivo é uma rede de imagens que não apenas correspondem cada uma a um único objeto (o livro para o qual são usadas), mas que correspondem entre si, de maneira não muito diferente de como os vários livros da coleção podem se correlacionar. Assim se deram estranhos fenômenos de afinidade irresistível, pelos quais certos pintores eram magnetizados por certos autores. Por exemplo, Simenon e Spilliaert. Belga como Simenon, genial e ainda pouco conhecido, Spilliaert começa a aparecer nas capas de Simenon em 1991, com *O homem que via o trem passar* (na coleção gli Adelphi). E desde então apareceu doze vezes. Sempre deixando a impressão, em nós mas também nos leitores, como tivemos oportunidade de constatar, de que se tratava da imagem *adequada*. Assim, toda vez que se publica um Simenon na Biblioteca, é natural buscar o Spilliaert mais adequado. Se Simenon foi sempre celebrado como escritor das atmosferas, pode-se supor que algo dessas atmosferas apareça nas telas de Spilliaert ou estivesse já à espera de que o escritor Simenon as nomeasse. Aquilo que os une é algo descarnado, áspero, lívido — um certo fundo de desolação de tudo. E essa desolação pode se mostrar em um cabide, em um móvel velho, no reflexo de um espelho ou no areal de Ostende.

Mas Spilliaert se liga também a outro autor bastante diferente: Thomas Bernhard. A história de ambos pode ajudar a entender os estranhos encontros criados quando se pratica a écfrase ao avesso. No momento de publicar o primeiro dos cinco volumes da autobiografia de Bernhard, lembro-me de que eu não sabia muito bem qual rumo seguir. Porque Bernhard pertence, em alto grau, à categoria de autores para os quais é difícil encontrar uma imagem de capa (e de fato, na Suhrkamp, seus romances sempre tiveram capas tipográficas). É como se sua altíssima idiossincrasia se estendesse ao reino das figuras, afastando-as. Finalmente, a escolha recaiu sobre um Spilliaert: um muro baixo e comprido atrás do qual se expande um céu amarelo-avermelhado e, de lado, se perfila uma árvore de densos galhos secos. Não saberia dizer por que eu achava aquela imagem adequada para *Origem*, livro ambientado em Salzburgo, cidade barroca infectada pelo nazismo e pelo beatismo. Mas não fiquei insatisfeito. Dois anos mais tarde foi a vez do segundo volume da autobiografia, *O porão*. E também para essa capa escolhi um Spilliaert: vários troncos, com muitos galhos secos. Depois chegou o momento do terceiro volume, *A respiração*, e usamos outro Spilliaert: uma grande árvore que se desfolhava, com muitos ramos secos. Àquela altura se criara uma cumplicidade e uma aliança secreta entre a autobiografia de Bernhard e as árvores de Spilliaert. Para o quarto volume, *O frio*, se vê uma vez mais um Spilliaert: uma alameda de inverno, ladeada por árvores com os galhos secos. Ao chegar ao último volume, *Uma criança*, voltei a sentir certa insegurança. Talvez não encontrasse outras árvores em Spilliaert, mas no fim a escolha recaiu, de todo modo, sobre um quadro seu: mostrava algumas caixas coloridas, apoiadas uma sobre a outra. Era uma capa estranhamente adequada para aquele livro, com algo infantil e também alegre, sem razão e sem necessidade de recorrer à figura de uma criança.

Encontrei Bernhard poucas vezes, todas memoráveis. A primeira delas foi em Roma, com Ingeborg Bachmann e Fleur Jaeggy, no início dos anos 1970. Bernhard havia lido um texto seu no Instituto Austríaco, e nos contou que o diretor do Instituto se apressara em dizer-lhe, com solenidade vienense: «A cama em que o senhor dormirá é a mesma onde alguns meses atrás morreu Johannes Urzidil». Naquela noite, Bernhard permaneceu calado até depois da meia-noite. Então, instado a dizer algo, falou sem interrupção por algumas horas, contando uma série de histórias hilariantes, e em sua maioria macabras, até o amanhecer. Os assuntos? Irlandeses, cemitérios, pílulas (contra a insônia), camponeses. Quando o acompanhamos de volta ao Instituto, era quase dia. Vários anos depois, em Viena, entreguei-lhe um volume da sua autobiografia que acabara de sair. Ele o folheou, observou atentamente a impressão, pareceu gostar. Depois disse que o papel era bom. E mais nada. Passou a discorrer sobre outra coisa. Devo acrescentar que entre nós não falamos jamais de livros, muito menos de seus livros. Aquela foi a última vez que o vi.

Poucos anos depois de sua morte, em julho de 1989, chegou-me da editora Residenz o volume *In der Höhe*, de Bernhard. Talvez o autor não tenha tido tempo de ver um exemplar pronto. O livro mexeu comigo como um *déjà-vu*. Na capa: galhos secos, sobre um fundo pálido, com algumas delicadas manchas de cor. Não era uma obra de Spilliaert, mas poderia ter sido. A capa não era em papel brilhante, como eram todos os livros da Residenz, mas fosca, do tipo utilizado por nós. A disposição tipográfica da página era *igual* àquela da coleção (Narrativa contemporânea) em que haviam sido lançados, na Adelphi, os primeiros volumes da autobiografia de Bernhard. Telefonei à Residenz, perguntei como se explicava o motivo pelo qual aquele livro era distinto de todos os outros da editora. Disseram-me que fora uma vontade expressa de Bernhard. Ou melhor, ele impusera como condição que o livro se apresentasse daquela maneira. Considerei aquilo como uma despedida.

Com os anos e a prática, por erros e acertos, na busca de imagens adequadas para os livros da Biblioteca, alguns critérios foram ficando mais precisos: antes de tudo evitamos, por princípio, os antigos mestres, os pintores excessivamente identificáveis e as imagens muito divulgadas, porque certo elemento surpresa — na própria imagem ou nas combinações — era um requisito essencial (mas aqui, como em todo o resto, haveria exceções: como as violetas de Dürer para Marina Tsvetáeva); e também individualizamos determinados pintores que, por razões não facilmente decifráveis, pareciam ter sentido, qualquer que tenha sido a época em que tenham vivido, uma espécie de vocação a se tornarem capas, o que talvez os contrariasse (entre estes, Blake); além disso, usamos sem cerimônia determinados artistas pouco conhecidos (como Spilliaert), nunca reconhecidos plenamente (como Vallotton) ou, ainda, não acolhidos na percepção geral (como Hammershøi). Por fim: elegemos uma espécie de clube de afins, prontos a acudir nos casos mais diversos: George Tooker (para Kundera, Burroughs, Kunze, Nabokov, Sacks, Sciascia), Alex Colville (para Mutis, Simenon, Christina Stead, Pirsig), Oelze (para Benn, Sacks, Burroughs, Šalamov, C. S. Lewis), Meredith Frampton (para Nabokov, Muriel Spark, Ivy Compton--Burnett, Henry Green).

Estabelecidos todos esses princípios, uma vez que dispostas juntas, como se estivessem em uma grande mesa, as várias centenas de imagens que figuraram nas capas da Biblioteca ao longo de quase cinquenta anos (especialmente se se dispõem juntas as capas das duas coleções paralelas: Fabula e gli Adelphi), não deve ser difícil entrever um emaranhado de linhas que se sobrepõem às linhas canônicas da história da arte, contrapõem-se a elas e as perturbam. Menciono essas coisas apenas de passagem. Deveria ser o leitor a descobri-las, percorrendo mentalmente os caminhos e os motivos que resultaram em certas combinações.

Viena era muito diferente antes de se descobrir como a Grande Viena. No abafado verão de 1968, as vitrines ainda estavam abarrotadas de objetos feios, com os preços nas etiquetas, como em um prolongado pós-guerra provinciano. Klimt e Schiele ainda jaziam no depósito dos antiquários.

OS LIVROS ÚNICOS

De Karl Kraus falavam apenas alguns senhores de maneiras encantadoras, que recordavam ter vivido quando seu demônio sacudia a cidade. Um deles me contou que vendera sua coleção completa da revista *Die Fackel* a um oficial americano em troca de um considerável número de maços de cigarro. Mas os livros de Kraus não se encontravam com facilidade. Aos poucos, uma editora que se dedicava sobretudo à teologia os estava reimprimindo: a Kösel. Notáveis edições, invisíveis entre as novidades. Dedicando-me a Kraus, que eu havia decidido traduzir, ficava cada vez mais claro que sua Viena fora de fato aquele «ponto cósmico» da Sirkecke sobre o qual ele mesmo havia escrito: uma constelação surpreendente, que surgira com o jovem Hofmannsthal sob o nome de Loris, perfeitamente maduro aos dezoito anos, e com toda probabilidade se perdera quando Freud e os seus, graças à ajuda de Marie Bonaparte, conseguiram pegar um trem para Londres, que poderia ter sido o último. Entre esses dois momentos, por aquelas ruas havia passado grande parte das perguntas e das formas que o tempo não abalara. Na verdade, sobressaíam mais do que nunca, graças a certa radicalidade tranquila que não se alcançara em outros lugares. Schönberg e Wittgenstein, Musil e Gödel, Kraus e Hofmannsthal, Freud e Roth, Schnitzler e Loos: haviam cruzado em Graben, haviam esbarrado ou se ignorado, frequentemente se detestado. Mas aquilo que os unia era muito mais forte — e apenas então começava a aflorar. Dito da maneira mais elementar: em nenhum outro lugar se formularam tão lucidamente como em Viena as questões últimas sobre a linguagem (que podia ser a língua do dia a dia e dos jornais, para Kraus; os sistemas formais, para Gödel; o sistema tonal, para Schönberg; ou os rébus oníricos, para Freud).

O êxito da Biblioteca começou a se cristalizar quando um certo número de leitores descobriu, livro após livro, que aquela constelação estava se desenhando, sem exclusão de gêneros e dentro da própria coleção. O fenômeno pôde ser verificado pelas reações a Joseph Roth. Em 1974, publicamos *A cripta dos capuchinhos* em uma tiragem de 3 mil cópias. Roth era um nome que naquele momento não significava nada. O livro foi rapidamente reimpresso, permanecendo, porém, na ordem das mil cópias. Mas logo aquela barreira foi superada. Dois anos depois de *A cripta dos capuchinhos*, *Fuga sem fim* foi recebido de imediato com entusiasmo por um vasto público. E com estupor constatamos como, em um momento em que a própria palavra *literatura* era famigerada, o romance era adotado clandestinamente pelos garotos da extrema esquerda. Lembro-me de alguns da organização Lotta Continua: diziam que apenas naquela história haviam se reconhecido — ou ao menos gostariam de se reconhecer, naquele encontro de turbilhões. Espero que tenham continuado seguindo Roth. Assim, depois de outros dois anos, em 1978, para um livro que não está entre os maiores de Roth, *Der stumme Prophet* [O profeta mudo], tivemos de iniciar com uma tiragem de 30 mil cópias, pois muitos livreiros nos solicitavam exemplares. E foram vendidos na mesma hora. Na capa havia um Schiele, que ainda podia ser utilizado sem maiores problemas (não é fácil imaginar um tempo em que Schiele ou Hopper *não* estivessem nos olhos e nos pôsteres de todos). O sucesso, a verdadeira moda de Joseph Roth na Itália se devia não apenas ao reconhecimento de seu irresistível encanto de narrador, mas ao fato de que ao redor dele — e na própria Biblioteca — continuavam a dispor-se os outros astros da constelação vienense. E chegaria também o tempo dos autores mais discretos e elusivos para a história literária, como Altenberg e Polgar. Ou de um estrepitoso formulador de enredos, como Lernet-Holenia, ao qual sua cultura de origem continua a opor uma surda resistência.

Mas é o caso de recordar também outro aspecto que o público ignora — e tem um sabor intensamente editorial. Se a prosa e o fraseado de Joseph Roth entraram tão fácil nas veias da língua italiana foi também por mérito não tanto de alguns de seus numerosos tradutores, mas de seu *singular revisor*: Luciano Foà. Livro a livro, de *A cripta dos capuchinhos* (1974) a *Die hundert Tage* [Os cem dias] (1994), Foà se reservava todos os anos um determinado número de semanas nas quais *revisava Roth*. Parecia uma obrigação óbvia e inalienável. E o resultado era aquela precisão no detalhe e aquela pátina delicada que protegia o conjunto, sem as quais não se pode entender a peculiaridade de Roth. Foà amava poucos escritores sem reservas. Os primeiros entre todos, Stendhal e Kafka. E em Roth reconhecia a máxima aproximação a Stendhal que o século XX havia atingido.

A ligação adamantina entre o nome Adelphi e a Mitteleuropa se estabeleceu entre 1970 e 1980, sobretudo por meio de um determinado número de títulos da Biblioteca. Foi *Andrea* de Hofmannsthal a abrir o caminho, seguido na coleção por Kraus, Loos, Horváth, Roth, Schnitzler, Canetti, Wittgenstein. E me dou conta de que em 1980 ainda não haviam sido publicados Altenberg, Polgar, Lernet-Holenia.

Mas a memória nos prega estranhas peças, sobrepondo perspectivas posteriores àquelas do momento em que as coisas aconteciam e deixando de lado detalhes que então eram vividos. Foi portanto um alívio que voltassem às minhas mãos, por acaso, algumas folhas manuscritas em que eu tinha esboçado algumas palavras de agradecimento que pronunciei em setembro de 1981, quando as autoridades austríacas tiveram a gentileza de me conferir a Ehrenkreuz *litteris et artibus* (e a palavra *Ehrenkreuz* suscitava em mim a lembrança de uma das mais irresistíveis narrativas de Kraus, dedicada a defender uma prostituta que ousara exibir no peito essa distinção que havia sido concedida a um de seus clientes). Transcrevo-as aqui na íntegra porque dão a ideia de como aqueles fatos eram percebidos então.

Criança, já no primário, como todas as crianças italianas há cerca de cem anos, encontrei a Áustria pela primeira vez no livro didático, onde se falava do marechal Radetzky, que era definido como «a fera». A fera Radetzky foi assim o primeiro austríaco com o qual entrei em contato. Decorava-se em seguida *Sant'Ambrogio* de Giusti — e ali se encontravam outros austríacos, mais anônimos, soldados com bigodes sebosos, desventurados «em um país, aqui, que não os quer».

Para minha sorte, sempre tive a tendência a considerar irreais as coisas que lia nos livros de história. Por isso, apaguei qualquer imagem muito precisa da Áustria até que um dia, em 1957, aos dezesseis anos, vi na livraria Hoepli de Roma o primeiro volume de *O homem sem qualidades*, de Robert Musil, em uma edição da Einaudi. O nome me era desconhecido, a capa era um belo quadro de Vuillard. Algo me atraiu imediatamente naquele livro: fui conquistado pelo retrato de Leona, a amante de Ulrich, de vida leviana, muito gulosa, que pede sempre no restaurante «*pommes à la Melville*». E, imediatamente, fui arrebatado por aquele capítulo em que se começa a delinear uma descrição da Kakania, «aquele Estado incompreendido e já desaparecido, que em tantas coisas foi um modelo não devidamente valorizado». Nesse país com nome de opereta, mas cujo centro de gravidade é um grande criminoso, Moosbrugger, encontrei definitivamente a Áustria, não apenas como uma entidade da história, mas como um lugar da alma. E pouco a pouco aquele país se foi povoando para mim, em sua mistura de nações e diferenças: era igualmente terra de Kafka e Schönberg, de Loos e de Kubin, de Altenberg e de Schiele, de Wittgenstein e de Freud, de Polgar e de Schnitzler.

Aquele lugar se povoou em seguida, para mim, também de pessoas vivas, que em dois casos foram determinantes em minha vida: Roberto Bazlen e Ingeborg Bachmann. Por meio deles e de inúmeros amigos invisíveis que são os escritores mortos, fui levado naturalmente a viver dentro daqueles lugares, daqueles fatos, daquela frágil cristalização de civilização. Assim, quando começaram a ser publicados os livros da editora Adelphi, que tem para com Bazlen uma gratidão inexaurível, nunca pensamos em nos voltar para esses autores aos quais me referia para — como se diz — «preencher uma lacuna» ou «descobrir um nicho». A Adelphi, como o próprio nome diz, é uma empresa fundada sobre a afinidade: afinidade tanto entre pessoas como entre livros. E por razões de afinidade nos voltamos tão frequentemente para as obras desse âmbito austríaco do qual eu falava antes.

Inicialmente as reações foram lentas e incertas: não apenas quando publicamos Kubin, em 1965, mas também quan-

OS LIVROS ÚNICOS

do publicamos Kraus, em 1972. Um ilustre protagonista do mundo editorial [tratava-se de Erich Linder, naquele período talvez o mais importante agente literário do mundo e certamente o mais culto] profetizou então, para Kraus, uma venda de vinte exemplares. Hoje o livro chegou à quarta edição. Mas o caso mais óbvio de orgulho por um grande autor austríaco foi o de Joseph Roth, em relação ao qual se pode dizer que a Itália é o único país onde hoje o sobrenome Roth evoca imediatamente o nome do austríaco Joseph e não o do americano Philip. Mas não quero percorrer aqui a fortuna que tiveram muitos autores kakânicos nesses anos, e em particular determinados livros seus que a Adelphi publicou. Lembro-me assim de um dia em que apareceu um artigo de Alberto Arbasino no qual se dizia que a editora Adelphi deveria se chamar Radetzky. Naquele dia tive a impressão de que um círculo se fechava: era como se a fera Radetzky tivesse sido transformada em nosso antepassado totêmico. Seu exército, com esplêndidos uniformes, agora já é um exército disperso, literário e invisível, cujo último oficial a ter sobrevivido é talvez, sem que o saiba, Fred Astaire, que se chamava na verdade Frederick Austerlitz e era filho precisamente de um oficial austríaco. Esta cruz que hoje recebo é para mim, de certa maneira, um sinal que me chega daquele exército invisível.

Além disso, havia certos livros que pareciam feitos sob medida para a Biblioteca. Um dia Angelica Savinio nos enviou um manuscrito inédito do pai. Era a *Nuova enciclopedia*. Insatisfeito com todas as enciclopédias, Savinio fizera uma de próprio punho. A primeira entrada: «Abat-jour». Isso teria sido suficiente para nos conquistar. O livro prosseguia transitando, com inumeráveis demonstrações de inteligência e ironia, de tom amável, entre o faceiro e o sardônico. Savinio desejava transformar a forma enciclopédica — anônima e coletiva por excelência — em uma materialização do mais alto caráter idiossincrático: é difícil pensar um *livro único* que corresponda mais a essa definição. Naquela época havíamos publicado, de Savinio, apenas *Maupassant e «l'altro»* [Maupassant e «o outro»], livro indefinível, transbordante de genialidade, que Debenedetti já havia tentado recuperar na coleção das Silerchie. Fora isso, a obra de Savinio estava esquecida. Seu nome — circundado por um grande halo de silêncio. Ele nunca aparecia nas genealogias literárias. E isso apesar de conhecer todos, de ter escrito incansavelmente nos jornais e nas revistas mais conhecidos. Mas agia contra ele um antigo e letal malefício. Uma voz sem nome dizia e repetia: «Savinio? Excessivamente inteligente». Parece que lhe faltava aquela obtusidade saudável que alguns continuavam a considerar própria do verdadeiro artista. Obviamente existiam outras razões para rechaçá-lo. Em primeiro lugar, sua capacidade de não ser ligado à sociedade literária que o cercava, sua maneira imprevisível de tratar qualquer coisa, dos *abat-jour* aos *zampironi* [espirais repelentes] (penúltima entrada da *Nuova enciclopedia*). Mas esses seus vícios eram precisamente aquilo que o tornava ainda mais precioso para nós. Assim, Savinio entrou pela porta da frente na Biblioteca com sua *Nuova enciclopedia*, que poderia ter sido lida como a enciclopédia mais idônea para aquela tribo multifacetada que o havia precedido na coleção.

Foi com Joseph Roth que operamos uma clara e decisiva mudança de rumo. Em sua versão mais radical, a ideia bazleniana do *livro único* se opunha àquela de obra. Bazlen se importava muito mais com o momento, com a concreção em sua singularidade, e não com a obra em suas ramificações. Era uma ideia muito audaz, que ia muito longe — e para a qual os tempos talvez ainda não estivessem preparados. Mas o que deveríamos fazer com Roth? *A cripta dos capuchinhos* era um de seus maiores romances, mas para compreendê-lo era necessário colocá-lo em sequência com todos os outros. Alguns dos quais absolutamente não inferiores. Roth é autor de uma concatenação narrativa como poucos. Assim se deu que, de 1974 até 1994, ano após ano, publicamos *toda* a obra narrativa de Roth (prosseguindo depois com seus magníficos artigos jornalísticos). E de fato era um procedimento que a partir de então aplicaríamos, tão logo a situação dos direitos permitisse, a alguns outros escritores: Blixen, Borges, Nabokov, e também a Maugham — e por fim, com uma expansão impressionante de títulos: Simenon.

Estava escrevendo essas observações sobre as capas quando o *New York Times Magazine* publicou um longo artigo de Kevin Kelly (definido como «um manifesto») com o título: «O que acontecerá com os livros?». O jornal descreve Kelly como «*senior maverick*» da revista *Wired*, portanto, respeitável por definição.

Em um primeiro momento, pensei na enésima repetição dos temores, hoje quase cômicos quando relidos, que se seguiram a partir do aparecimento do computador, a propósito dos CD-ROMS, dos e-books ou de outras invenções obsoletas. Mas nesse caso havia algo mais sutil, que já se reconhecia na legenda de uma foto que acompanhava o título do artigo: «Não se pode julgar um livro pela capa se a capa deixa de existir». Para além do livro em si, o alvo então era justamente aquele estranho objeto acerca do qual eu estava escrevendo: a capa. O início do artigo era parecido com o de um thriller: «Em várias dezenas de conjuntos anônimos de escritório espalhados por todo o mundo, milhares de trabalhadores estão debruçados sobre escâneres digitalizando livros empoeirados em maquinários de alta tecnologia. Estão compondo a biblioteca universal página por página». Essas páginas já possuem um vago aroma de deportação e carnificina. E se percebe imediatamente que algo muito grave — não se sabe se admirável ou nefasto — está em curso. A orientação se esclarece com a frase seguinte: «O sonho é antigo: concentrar todo o conhecimento, velho e novo, em um único lugar». E desde quando o sonho antigo se tornou operativo? Desde dezembro de 2004, quando o Google anunciou que escanearia os livros de cinco importantes bibliotecas (entre as quais, naturalmente em primeiro lugar, a de Stanford). O artigo prossegue, como é de praxe, com algumas cifras. A humanidade, somos informados, teria «‹publicado›, a partir das tábuas sumérias, ao menos 32 milhões de livros». Essa seria a base da «biblioteca universal». Mas logo intervém o demônio: «Mas por que devemos parar por aqui? A biblioteca universal deveria incluir uma cópia de qualquer quadro, fotografia, filme ou composição musical produzidos por todos os artistas, do presente e do passado. E também deveria incluir todas as transmissões radiofônicas e televisivas. Também as propagandas. E como poderíamos nos esquecer da Rede? A grande biblioteca obviamente deveria ter uma cópia das milhares de páginas web mortas, não mais on-line, e das dezenas de milhões de posts nos blogs hoje perdidos — a efêmera literatura do nosso tempo». Essas últimas e fantasiosas palavras não bastam para diminuir o sentimento de terror e de paralisia que instilaram as precedentes.

Trata-se, talvez, da forma mais avançada de perseguição já descrita: a vida assediada por uma vida em que *nada se perde* e tudo é condenado a subsistir, sempre disponível, sufocante. Nesse quadro, os livros parecem uma remota província ou um reino de opereta. O que são 32 milhões de livros diante das falanges de milhares de «páginas web mortas», em crescimento exponencial? São esses os verdadeiros mortos-vivos que nos assediam. Enquanto lia, eu pensava: há por acaso alguém que tenha ido mais além? Sim, há: Joe Gould, o fulgurante excêntrico de Nova York narrado por Joseph Mitchell, o homem que passou a vida afirmando que escreveria a «história oral», aquela história desconhecida que compreende cada palavra dita nas conversas de um bar (de todos os bares), em um vagão do metrô (de todos os metrôs) ou em qualquer outro lugar. Com relação ao plano de Joe Gould, até mesmo o do Google é provinciano e modesto. E Kevin Kelly, em seu entusiasmo, revela o exagero do neófito.

Mas justamente por isso, pelo letal candor de suas palavras, é aconselhável prestar atenção às formulações de Kelly. O que a tecnologia quer, por exemplo? Resposta: «A tecnologia acelera a migração de tudo aquilo que conhecemos na forma universal dos bit digitais». As enormes migrações étnicas que agitam o mundo são apenas a sombra de uma migração mais vasta e capilar, que tende a uma «forma universal». Não há nada de enfático ou inexato em tudo isso. De fato, o mundo foi se digitalizando durante séculos (ou, melhor dizendo, por milênios), mas sem saber, sem dizer, sem possuir uma palavra que denominasse o que acontecia. A palavra se formou depois. Seu batismo no pensamento poderia ter sido celebrado com *The Computer and the Brain* [O computador e o cérebro] (1958), de John von Neumann. Em seguida passou-se à explicitação. Uma passagem sempre dramática. Então o mundo começou a digitalizar-se oficialmente. Assim se chegou, em um curto espaço de tempo, ao programa do Google, que se apresenta como agente da *digitalização universal*. Se esse for o caso, qualquer outra transformação será subordinada a ele, quase como se fosse uma aplicação secundária.

Mas é possível que tudo avance sem obstáculos? Nada avança sem obstáculos. E imediatamente Kelly se sente na obrigação de explicitar, de maneira contrita, que sim, é verdade, a digitalização dos livros avança um pouco devagar, devido a «questões de copyright e do fato físico de que se devem virar as páginas». Observação preciosa, da qual se percebe quais são os inimigos: o copyright, antes de mais nada, como limitação jurídica, e o próprio livro em sua fisicalidade, que obriga a determinados gestos específicos — por exemplo aquele de *virar as páginas*. Mas há, para além disso, algo de profundamente odioso e retrógrado na forma do livro: a capa. A capa é a pele daquele corpo que é o livro. E esse é um forte obstáculo caso se queira levar a cabo a *partouze* da biblioteca universal: uma *partouze* interminável e irrefreável entre corpos desprovidos de pele. Talvez seja essa a imagem mais eficaz caso se deseje suprimir qualquer desejo erótico. Ou melhor, caso se deseje tornar o eros repelente. De qualquer forma, prossegue Kelly, felizmente os suíços inventaram um robô que «vira automaticamente as páginas de qualquer livro enquanto o escaneia, a um ritmo de mil páginas por hora». Pode-se, então, esperar que a *partouze* prossiga daqui por diante em um ritmo mais acelerado.

Como todos os *sonhos* americanos, a digitalização universal se baseia em bons sentimentos e em certa benevolência em relação aos pobres e distantes estrangeiros. Os quais, atualmente, servem sobretudo para reduzir os custos da própria digitalização (Kelly, meticulosamente, nos informa que escanear um livro custa hoje dez dólares na China e trinta em Stanford), mas um dia poderemos ter *acesso* (é essa a palavra mágica) a tudo. E aqui Kelly corre o risco de soar lírico. Quem serão os beneficiados? «Estudantes do Mali, cientistas no Cazaquistão, idosos no Peru.» A partir desse exemplo, não se diria que a digitalização universal seja capaz de comprometer visões preconcebidas sobre as características étnicas: dificilmente Kelly teria falado de cientistas peruanos e de idosos do Mali. Mas a questão não é essa. E seria ridículo objetar à atração que uma imensa quantidade de palavras e imagens de repente disponíveis pode exercitar para quem tem dificuldade até mesmo de *ver* um livro, esse objeto exótico em tantas partes do mundo.

A questão é que a digitalização universal implica uma hostilidade contra um *modo do conhecimento* — e apenas em um segundo momento para o objeto que o encarna: o livro. Portanto, não se trata da preocupação com a sobrevivência do próprio livro, que já passou por poucas e boas e sobreviveu. Ninguém, por outro lado, parece desejar-lhe o mal, de fato. No pior dos casos, o que se quer é tratá-lo como uma espécie a ser protegida, a ser concentrada em um extenso parque natural.

O que, na verdade, se está tentando impor com certo rigor é a destituição de um modo inteiro de conhecimento estreitamente ligado ao *uso* do livro. E é aqui que tudo se torna mais duro e perigoso. Mas por que o livro deveria ter esses poderes? O que será que tem, como objeto, de tão chocante, quase ofensivo para a nova sensibilidade digital? Uma vez mais, nesse caso, temos apenas de seguir Kelly para nos esclarecer. Em primeiro lugar os livros têm o péssimo hábito de ser «artigos separados, independentes uns dos outros, exatamente como são nas estantes das bibliotecas públicas» (mais exatamente de *qualquer* biblioteca, pública ou privada). Consequentemente, insiste Kelly, «todo livro é *pretty much unaware* dos que estão a seu lado». *Não ser consciente de quem está ao seu lado*: esse já é um comportamento antidemocrático, uma maneira de se subtrair — como se diria hoje na Itália — à *comunhão* com os outros, ou *envers l'Autre* (se estivéssemos na França).

Desde que Gutenberg os inventou, os livros não haviam se dado conta de que eram portadores de tantos preconceitos. Além disso, há um agravante: o autor. «Quando um autor conclui uma obra, ela se torna fixa e finita.» O que equivale a dizer: morta. De fato, «o único movimento sobrevém quando um leitor a toma em mãos para animá-la com sua (*his or her*) imaginação». Os escritores, em princípio, são produtores de cadáveres, que em certos casos podem ser submetidos a experimentos galvânicos graças à intervenção de agentes externos: os leitores. Os quais são — como se descobrirá em seguida — os verdadeiros heróis da novíssima história digital. E não: certos leitores. Mas os leitores *em geral*, esse imenso e industrioso formigueiro invisível, que incansavelmente intervém, corrige, conecta, etiqueta. *Link* e *tag* aqui são as palavras decisivas. Segundo Kelly, que não gosta de se deixar tocar pela ironia ou pela dúvida, «provavelmente são as duas mais importantes invenções dos últimos cinquenta anos». E, em sua massa imponente, os leitores são também aqueles que impedirão os livros de cair em sua tendência mais nefasta: a de *ser uma ilha*. Aqui o tom de Kelly se torna solene — e evoca um sermão de John Donne: «Na biblioteca universal, nenhum livro será uma ilha».

OS LIVROS ÚNICOS

O inimigo, portanto, é a existência separada, solitária e autossuficiente dos livros. Trata-se de seres associais por constituição, que devem ser digitalmente reeducados. Mas escanear — adverte Kelly — é apenas um primeiro passo, similar aos procedimentos com que se é conduzido em uma instituição penitenciária, de cabeça raspada e munidos de uniforme: «A verdadeira magia virá com o segundo ato, quando toda palavra em cada livro será submetida a conexões cruzadas, agregada, citada, extraída, indexada, analisada, anotada, embaralhada, reorganizada e entretecida na cultura mais profundamente do que nunca». Poder-se-ia dizer que se trata de um manual de *bondage*. O leitor — ou o anônimo programado — é a *Domina* implacável que quer fazer o livro pagar por todos os pecados que não sabia ter cometido. Mas os livros estão acostumados a aguentar alguns desses tormentos, às vezes com um perverso prazer — por exemplo aqueles infligidos pelos índices analíticos ou de concordâncias. E, além disso, o masoquismo é um sentimento fundamental, não renunciável. Mais preocupante, ao contrário, é a última operação mencionada por Kelly: aquela que se propõe a fazer com que «toda palavra» seja «entretecida na cultura mais profundamente do que nunca». Em qual *cultura*? É notório que a palavra é atualmente insignificante, graças ao excesso de significados que lhe são atribuídos. E por que razão um livro deve ser «entretecido mais profundamente»? E se aquele livro quisesse antes de mais nada *se desentretecer* de tudo? Da frase de Kelly emana um sentimento de asfixia. Já não nos sentimos protegidos pela neutra e assemântica brancura do papel sobre o qual se imprimem as letras de um livro. Agora as letras invadiram todo o espaço vazio, pregadas como insetos no papel mata-moscas.

A essa altura, o *maverick* Kelly também sente a necessidade de uma pausa, em razão da magnitude daquilo que está revelando. O texto — qualquer texto — é um pretexto. Aquilo que conta é o *link*, a conexão. E nada melhor do que os números para fornecer sua dimensão. «Há cerca de 100 bilhões de páginas na rede, e cada página contém em média dez *links*. O resultado é 1 trilhão de conexões eletrificadas que atravessam a Rede.» Nesse ponto senti uma fisgada: como se traduziriam em sânscrito aquelas «conexões» que Kelly acabara de mencionar? Seriam os *bandhu* de que falavam os videntes védicos. Diziam que o mundo e o pensamento do mundo tinham sido feitos daqueles *bandhu*. Um e outro. E o *bandhu* mais misterioso era aquele que unia o não manifesto ao manifesto, o *asat* ao *sat*. Sentimento de atordoamento e de alucinação. Em tudo aquilo que escrevi está implícita a convicção de que estamos vivendo — dia após dia, e cada vez mais quanto mais avançamos — a *inversão da origem*. A visão védica dos *bandhu* é o que há de mais próximo a uma origem

OS LIVROS ÚNICOS

que deixou sua marca em palavras (nesse caso o *Rig Veda*).
E agora a vemos reaparecer em uma violenta paródia nas
palavras de alguém que parece ignorar a existência dos
videntes védicos — e ao mesmo tempo fala com exatidão
de algo inquestionável, que nos envolve.

Com a visão dos trilhões de *links* vibrantes na rede,
Kelly deve ter pressentido que se encontra próximo do
«fundo das coisas», que ele descreveu assim, com um
sinistro tom de companheirismo: «Uma vez que um texto
é digital, os livros se livram de sua encadernação e se enre-
dam entre si. A inteligência coletiva de uma biblioteca
nos permite ver coisas que não conseguimos enxergar em
um único livro, isolado». Mas, na prática, como acontece
tudo isso? Uma vez mais Kelly nos socorre: «Quando os
livros são digitalizados, ler se torna uma atividade comunitária. Anotações nos livros podem ser compartilhadas
com outros leitores. As glosas podem ser partilhadas.
As bibliografias podem ser intercambiadas. Você pode ser
notificado de que seu amigo Carl fez anotações em um de
seus livros preferidos. Logo em seguida, os *links* dele são
seus. De maneira curiosa, a biblioteca universal se torna um
único texto muito, muito grande: o livro único do mundo».
Quanto mais afável o tom, tão mais aterradora a perspectiva. O que se passou? Quando se diz que «a literatura se
torna uma atividade comunitária», subentende-se que o
secreto, impenetrável, perceptivo e silencioso pensamento

do cérebro individual que lê foi substituído pela *sociedade*: um imenso e capilar cérebro constituído por todos os cérebros, quaisquer que sejam, desde que ajam na rede e falem entre si. É um palavreado muito denso, que cria um novo ruído de fundo, mas significante.

A inversão fundamental é precisamente esta: aquilo que é (qualquer coisa que seja) foi substituído pela *sociedade* daqueles que vivem e falam, digitando e digitalizando dentro daquilo que é, qualquer coisa que digam. O *Liber Mundi* é substituído pelo «livro único do mundo», acessível apenas na tela. Quanto ao mundo, é suprimido, tornado supérfluo em sua muda e refratária estranheza. E o ponto mais angustiante, marca definitiva da paródia, é que, enquanto escrevia aquelas palavras, Kelly assumia o tom cordial de quem evoca um grupo de velhos companheiros de universidade que trocam anotações e fotografias e se divertem ajudando-se mutuamente.

A disputa legal em torno do plano Google, iniciada no outono de 2005 pela Authors Guild e por cinco grupos editoriais americanos, e que já chegou a uma primeira sentença, provavelmente não durará menos de uma geração. Os problemas jurídicos que desperta são de grande interesse, mas devem ser considerados uma consequência, dentre muitas, de uma espécie de oscilação radical da mente por causa da explicitação do processo de digitalização universal. Em relação aos choques precedentes na estrutura da mente, esta tem uma particularidade inédita. *Analógico* e *digital* não são categorias históricas, culturais, como tantas outras que as precederam. *Analógico* e *digital* são, antes de tudo, categorias fisiológicas, pertencentes ao funcionamento do cérebro a todo momento. Enquanto escrevo estas linhas e leio-as ao mesmo tempo, o analógico e o digital agem simultaneamente em minha cabeça, como na de qualquer outro. É uma luta perene e uma tentativa inesgotável de se equilibrar, balancear-se, desviar-se. O fato de que essa luta seja transferida, pela primeira vez, para uma imensa prótese — a Rede, que repropõe o emaranhado de conexões cerebrais — cria um desajuste sem precedentes, que ninguém tem interesse em reconhecer. Como a centopeia, não queremos saber muito bem como se movem neste momento as mil minúsculas patas de nossa mente. Porque sabemos que ficaríamos paralisados. Mas chegará também um momento em que será inevitável pensar naquilo que não queremos pensar. E pode ser que aí então também a provisória paralisia possa se revelar benéfica.

É hora de voltar às capas, pois no artigo de Kelly há uma frase que alude diretamente a elas. Uma frase que se destaca, tanto que foi colocada como legenda ao lado de uma grande foto: uma visão do alto de uma série imponente de estantes ocupadas por livros: «O que está acontecendo com a tecnologia? Os exemplares já não contam mais. Os exemplares dos livros isolados, encadernados entre capas inertes, logo não significarão muito mais».

Palavras que soam como uma sentença de morte para o livro em si. Mas por que atacar assim as capas, definindo-as «inertes»? Será que uma capa é inerte? Não mais do que qualquer outro pedaço de papel. E sabe-se que certos pedaços de papel podem desenvolver uma energia mortal. Por que então tanto desprezo pelas capas? Porque isolam o livro de todo o resto, como a epiderme de qualquer ser vivo. E o isolam de maneira altamente analógica, pois a pele e aquilo que se dispõe sobre a pele são o *analogon* mais potente do ser que a encerra. Mas é justamente isso que não é aceitável no mundo da digitalização universal. A capa é a lembrança de que a mente pode também agir em uma base analógica, sem detrimento da digitalização. A capa é um sinal — um dentre muitos — da obstinada, muda e desesperada resistência àquele processo que busca «transformar todos os livros do mundo em um único tecido líquido de palavras e ideias interconectadas»: algo semelhante a um paraíso do qual se deve fugir de imediato, antes de ser ao mesmo tempo asfixiado e submerso por aquele «tecido líquido».

Mas qual é o sonho de Kelly — e da vasta tribo que se entrevê atrás dele? Falo dele porque nos Estados Unidos a palavra *dream* fatalmente aparece em determinado momento. E considera-se que o «sonho» deva ser, em todo caso, algo belo e bom.

Com certo espanto, tive de reconhecer que o sonho de Kelly ia na direção das mesmas palavras que eu estava escrevendo: o *livro único*. A digitalização universal deveria, no fim, cobrir a terra com uma película impenetrável de signos (palavras, imagens, sons). E isso já não seria o *Liber Mundi* da mística medieval, de Leibniz e de Borges, mas algo mais audacioso: o *Liber Libri*, a emanação envolvente que, a partir de uma única página digitalizada, chega a revestir o todo como *livro único*. E nesse caso o mundo poderia até mesmo desaparecer, pois seria supérfluo. E, de qualquer maneira, seria substituído pela *informação* sobre o mundo. E tal informação poderia ser também, em sua parte preponderante, *errada*. O complô universal mais eficaz e adequado à situação do momento seria aquele que impusesse aos seus adeptos emitir na rede apenas informações falsas. Bacon, promotor do progresso, falava de *veritas filia temporis*, mas — Blumenberg acrescentou — também seria possível dizer, como logo se viu pelos escritos de Pierre Bayle: *error filius temporis*. Bem longe se vai a partir da simples abolição das capas.

Como se apresentava a cena editorial quando a Adelphi surgiu? Vivaz, movimentada, confusa, um pouco inconsciente, com graça. Prevalecia um sentimento de curiosidade. Nos anos 1950, a edição era apenas uma coisa: a Einaudi. Alto nível, filtros severos. Mas agora todos estavam fartos de filtros. Desejavam constatar por si mesmos. E a sensação dominante era que ainda havia muito a descobrir. «Uma vasta parte do essencial», eu disse certa vez. E houve quem se ofendesse. Mas aquela «vasta parte do essencial» faltava na Itália havia muito mais tempo. Mais ou menos desde a época dos primeiros românticos. *Il Conciliatore*[1] *não* havia sido o equivalente ao *Athenauem* de Novalis e dos irmãos Schlegel. Há 150 anos, a Itália era uma história de solitários grandiosos — Leopardi, Manzoni — presos em um ambiente mesquinho, asfixiante. Basta confrontar a língua média do século XIX italiano com o equivalente francês, inglês, alemão. O italiano se lê com dificuldade, com estranheza, é inflado e rígido ao mesmo tempo. O francês, o inglês e o alemão quase não se distinguem da prosa de cem anos depois. São línguas que envelheceram muito melhor.

Além da Einaudi, que se atualizava rapidamente, mesmo mantendo — embora mais ocultos — seus filtros, agora havia a il Saggiatore de Debenedetti, a Feltrinelli, a Boringheri. Mas as surpresas podiam chegar de todas as partes, de acordo com as inclinações dos diretores

---

1 Periódico quinzenal, de orientação romântica e liberal, publicado em Milão entre 1818 e 1819. [N. T.]

editoriais: de Garzanti, Longanesi, Rizzoli, Mondadori, Bompiani. Visto com os olhos de hoje, parece tudo um pouco idílico — e certamente não era. Mas é verdade que continentes inteiros ainda deviam ser descobertos, depois de ter sofrido com o Minculpop[2] por vinte anos e o companheiro Jdanov por quinze — ou, mais precisamente, respeitando a peculiaridade da «via nacional», Alicata.[3] Liam-se as páginas culturais do jornal *Il Giorno*, incomparavelmente melhores que todas aquelas que viriam em seguida. Pietro Citati e Alberto Arbasino esbanjavam inteligência e insolência sem trégua — e não tinham medo de se entusiasmar, algumas vezes. Podia até mesmo acontecer que, como um meteoro, desse as caras nas páginas do jornal, em corpo minúsculo, um conto de Gadda. Uma garantia de estranheza deve ter vindo da parte de Attilio Bertolucci, que trabalhava para o ENI [Ente Nacional Hidrocarbonetos].

«E a política?», inevitavelmente alguém se perguntará. Onde se *encaixava* a Adelphi? Não se encaixava, simplesmente. Nada mais tedioso e desanimador do que as

---

2 Ministério de Cultura Popular durante o regime fascista italiano. [N. T.]

3 Mario Alicata (1918-66), importante quadro do Partido Comunista Italiano (PCI), parlamentar e diretor do jornal *L'Unità*. [N. T.]

disputas sobre a hegemonia cultural (ou ditadura ou reino iluminado) da esquerda nos anos 1950 na Itália. É um argumento em relação ao qual não deveria haver mais nada a ser demonstrado. Mas é sempre útil mostrar, àqueles que tendem a ter a memória fraca e a quem nasceu depois. E, se possível, mostrar na forma mais condensada e rápida, se se deseja evitar um embotamento por contágio.

Em um sebo caiu em minhas mãos, despertando lembranças da adolescência, um número da revista *Nuovi Argomenti* de março-abril de 1957, que tinha por título: «Oito perguntas sobre o Estado guia». Respondem: Mario Alicata, Antonio Banfi, Lelio Basso, Giuseppe Chiarante, Ernesto de Martino, Franco Fortini, Roberto Guiducci, Lucio Lombardo Radice, Valdo Magnani, Alberto Moravia, Enrico Pischel, Ignazio Silone. Ia-se assim do responsável pela linha cultural do PCI (Mario Alicata) ao escritor italiano então mais célebre no mundo (Alberto Moravia), que além disso era codiretor da revista. E aquele número deveria ser visto como uma audaz iniciativa crítica de alguns intelectuais, passados seis meses da revolta na Hungria.

Hoje, um leitor ingênuo poderia pensar que, na ocasião, fora perguntado aos escritores: o que aconteceu em Budapeste? Mas não havia nem traço disso nas oito perguntas. A primeira era esta: «De que maneira considera que a União Soviética concilia sua função de Estado guia

OS LIVROS ÚNICOS

do comunismo internacional com a necessidade de sua política de potência?». Pergunta cujo elemento mais interessante é o purismo perfeitamente togliattiano[4] do duplo *i* em *concilii*. Das respostas, seria possível deduzir que um escritor de fama internacional (Moravia), um filósofo (Banfi), um antropólogo (De Martino, solitário praticante de seu ofício na Itália da época) e um poeta (Fortini) se preocupavam, acima de qualquer outra coisa, com a saúde do «Estado guia». Por isso era possível falar também de uma sedição de rufiões, se isso servia para tornar mais evidentes certas problemáticas e certas exigências do «Estado guia». O que mais surpreende naquelas páginas — à parte a uniformidade plúmbea do palavreado que unia os vários autores — é o fervor com que todos se preocupam em socorrer o «Estado guia», talvez levantando alguma objeção oculta, mas sempre com o intuito de fortalecê-lo em sua missão.

Seria fácil condenar praticamente todos os parágrafos desse fascículo. Mas o olhar acaba por recair na página em que Lucio Lombardo Radice (lembro-me de sua face redonda e rosada, de eterna criança) fala, a propósito dos fatos da Hungria, de «massacres de militantes comunistas, amplamente documentados (e exaltados!)

4 A referência é a Palmiro Togliatti, um dos fundadores do PCI. [N. T.]

pela imprensa burguesa». Como se vê, Lombardo Radice não recuava diante de palavras fortes. E falava também de *delitos* e *culpas*. Mas quais — e de quem? As alusões eram fortes: «Muitos delitos e demasiadas culpas de reformismo conservador foram e são cometidos em nome do ‹socialismo›». Assim, os delitos e as culpas eram dirigidos *contra* o «Estado guia». E um exemplo é fornecido logo em seguida, quando se deprecia Nenni por ter ousado uma «separação verbal de responsabilidade com a União Soviética» (uma graciosidade é o adjetivo «verbal»). Definitivamente, Lombardo Radice exortava, com firmeza viril, a cerrar fileiras contra os caluniadores da União Soviética (todos «reformistas», palavra que hoje qualquer um anseia atribuir a si, mas que na época soava como uma grave injúria). Eram ainda os tempos em que se pronunciava o nome de Orwell com um tom de repugnância. No final das contas, tratava-se de um réprobo.

Seria talvez Lombardo Radice um vulgar e rude agente soviético? Pelo contrário, era um perfeito representante daquela *elite* intelectual italiana, terrivelmente *do bem* — digo sem ironia —, que ia do círculo de Benedetto Croce àquele de Calamandrei e do Partito d'Azione. Não poucos, dentre os filhos dessas famílias, haviam se reunido no PCI. Fato que não havia escandalizado ninguém. Lombardo Radice era um deles. Filho de um ilustre pedagogo, matemático, casado com a filha de Arturo Carlo Jemolo (que meu pai chamava, com enorme afeto, de «*cupio dissolvi*»), lembro-me de que era amável e cordial. Mas não tenho certeza de como teria se comportado se os fiéis do «Estado guia» tivessem chegado ao poder naqueles anos. Sabe-se que as crianças também podem ser cruéis.

Em suma, a Adelphi passou incólume pelas turbulências políticas dos primeiros quinze anos. Seus antipatizantes — que não eram poucos — simplesmente não conseguiam se orientar. A mesma editora apontada como de *elite* seria acusada, pouco depois, sempre pelas mesmas pessoas, de ser demasiado comercial. E os mesmos autores serviam de exemplo para ambos os casos. Joseph Roth foi um desses. E, quando se é acusado de ser «gnóstico», a névoa se intensifica. *Gnóstico*, durante séculos, foi considerado tudo aquilo que não se enquadrava no pensamento corrente. Assim, o *foetor gnosticus* é um título de honra, como o *foetor judaicus*.

Mas finalmente apareceu alguém que tinha ideias claras. Era um anônimo, por necessidade, como todos aqueles que escreviam na revista oficial das Brigadas Vermelhas, a *Controinformazione*, revista livremente vendida em todas as bancas, junto com o *L'Espresso* e a *Panorama*. Público mais restrito, porém fiel. São particularidades úteis de serem recordadas. No número de junho de 1979, a *Controinformazione* oferecia, além dos habituais comunicados e informes do cárcere, um longo artigo com um título contundente: «As vanguardas da dissolução». Interessantes também a chamada e o subtítulo: «Contrarrevolução cultural e guerra psicológica» e «Agregação comunitária, valores da carestia, consenso social na longa marcha do espetáculo cotidiano». Palavras com o sabor da época. Como sempre, nos textos das Brigadas Vermelhas, partia-se de longe. Mas, talvez para ajudar o leitor, o ensaio se articulava em vários pequenos capítulos, precedidos por um linha introdutória que sintetizava o todo:

> «Refluxo», retorno ao passado, refúgio no sacro, fuga no campo, lojas alternativas, ideologias naturalistas, ecologismo aparente, ciclo psicológico «ilusão-desilusão-frustração», irracionalismo, exaltação orientalista, roupas excêntricas, linguagem do corpo, descobrimento do privado: não são apenas modas, parcialmente expressivas, nem muito menos «desvios» que podem ser resolvidos com um «saudável» retorno à ortodoxia militante. Ao contrário, esses «desvios» são o resultado concreto, «transversal», endêmico de um amplo projeto teorizado, promovido e executado pelas centrais reacionárias.

Não se poderia ser mais claro, dentro de um certo léxico. E a última frase tinha um tom aflito: «Enquanto

OS LIVROS ÚNICOS

se protela no abandono da autoconsciência, a máquina de espiral da morte avança devorando um notável potencial de antagonismo».

O leitor se sentia imediatamente incitado e queria descobrir quais eram as «centrais reacionárias» (visão atualizada da célebre FODRIA, ou seja, *forze oscure della reazione in agguato* [forças obscuras da reação na espreita]). Mas os textos das Brigadas Vermelhas são sempre difíceis no início. Assim, para chegar à revelação, era preciso esperar até o nono capítulo, intitulado «O ‹caso› Adelphi».

Começava desta maneira: «No plano cultural, análogo e decisivamente mais refinado se insere o enorme trabalho de outras articulações da contrarrevolução, ou seja, de editoras, dentre as quais se sobressai, pela solidez e presença, a Adelphi, ligada financeiramente ao capital multinacional FIAT». E, já nas últimas linhas do capítulo anterior, a Adelphi era definida como «áurea estrutura portadora da contrarrevolução superestrutural». Havia, portanto, estima e respeito por parte do inimigo — que logo sublinhava: «A produção da Adelphi é culta; sua proposta, fascinante; sua penetração, sutil. É surpreendente sua capacidade de reabilitação *total* que abarca autores excelentes — pela profundidade literária e filosófica —, a cujo fascínio se rendem devotamente os próprios revolucionários». Seguia-se uma frase que me deixou estupefato: «Na linha de produção da Adelphi, cada autor singularmente é um elo, um detalhe, um segmento». À parte a locução grotesca — a «cadeia de produção» se desenvolvia então em um corredor de poucos metros na rua Brentano —, o anônimo sectário captara algo que os críticos oficiais não haviam conseguido perceber ainda: a *conexão*, não imediatamente visível mas intensa, que subsistia entre os títulos adelphianos — e exemplarmente entre aqueles da Biblioteca. E aqui se chega de imediato ao cerne da argumentação, que se anunciava assim: a *linha* da editora teria sido «dedicada à erradicação dos princípios da eversão social, da mortificação da esperança revolucionária coletiva, da invalidação da possibilidade coral subversiva». Os eversivos se descobriam vítimas de eversão, como o regador regado dos irmãos Lumière. Os terroristas se sentiam aterrorizados — e se queixavam de sofrer um tratamento análogo (observe-se o ameaçador substantivo «invalidação», de uso corrente nos textos que acompanhavam os atentados daqueles anos) àquele que reservavam às próprias vítimas. A essa altura, apontava-se um exemplo de tal *eversão da eversão*. Era Pessoa. «Será conveniente exemplificar as considerações sobre os projetos e objetivos da Adelphi mencionando a última investida dessa editora: a publicação das obras de Fernando Pessoa, o grande escritor português, pela primeira vez traduzido na Itália (*Una sola moltitudine*)». A partir de 1987, Pessoa, de óculos e chapéu, seria estampado nos escudos[5] portugueses, o único escritor do século XX que conseguirá se tornar papel-moeda. E seu nome hoje atravessa aquele delicado e lamentável processo no fim do qual — como já aconteceu com Kafka e Borges — se tornará uma noção usada sobretudo por aqueles que nunca leram seus livros. Mas naquele momento era um nome geralmente ignorado. Parece pouco verossímil, mas assim era: um cerrado silêncio circundara o volume de Pessoa organizado por Tabucchi na época de seu lançamento. Somente o anônimo da *Controinformazione* havia captado sua importância e tirara suas conclusões: Pessoa era a última encarnação do *principal inimigo*, que transviava e corrompia os últimos cadetes da eversão. E o tom se igualava ao de um hino fúnebre: «Assim, em Pessoa, declina-se a luta, sepulta-se a energia vital eversiva». No mestre dos heterônimos se realizava o maléfico desenho da «contrarrevolução superestrutural».

Seiscentos livros em uma mesma coleção são uma enormidade, se pensarmos em quão menos numerosos eram aqueles abrigados na torre de Montaigne ou no estúdio de Espinosa. Com seiscentos livros poder-se-ia

5   Em português no original. [N. T.]

compor uma paisagem mental vasta e variada. Talvez uma daquelas paisagens flamengas em que os eventos mais significativos se veem ao longe, em zonas pouco frequentadas, onde vemos girar figuras minúsculas. É uma paisagem onde seria fácil de se perder.

Pergunto-me como um leitor que tenha hoje acabado de aprender a ler se encontrará nessa paisagem, quando chegar o momento. Pode ser que não o satisfaça e ele sinta imediatamente vontade de partir — nesse caso eu teria muita curiosidade em segui-lo. Mas creio que não poderia deixar de reconhecer ali certa constância e recorrência nos elementos, por mais díspares que possam ser. Pode-se fazer até uma teste, pegando os primeiros títulos do ano 2006, o 41º da coleção.

Elizabeth Bishop deve ser recebida entre os Imperdoáveis dos quais falava Cristina Campo. E se encontrará ao lado de Marianne Moore, que foi a poeta mais próxima dela em vida. O Confúcio de Simon Leys tem correspondência com o *Tao te ching* e o *Livro do sr. Shang* de Duyvendak. Dois sinólogos muito diferentes, um holandês e o outro belga, que se propõem a transpor com precisão e sobriedade textos da China antiga, árduos e inexauríveis. *Long cours* de Simenon se alinhava a outros 23 romances «não Maigret» do mesmo autor. Com ele, a regra do livro único se revolve: não é único apenas o título, mas o *corpus* inteiro dos romances, em sua multiplicação e dispersão. *David Golder* de Irène Némirovsky se concatena às histórias cruéis de outra russa em Paris nos mesmos anos: Nina Berberova. E os personagens poderiam facilmente se transferir das histórias de uma para as da outra. E assim por diante, para cada um dos títulos.

Falando com Eckermann, Goethe havia mencionado a ideia da *Weltliteratur*: a «literatura universal» como escopo inelutável de tudo aquilo que se escrevia. «A literatura nacional já não significa grande coisa, entra-se na época da literatura universal, e cada um deve contribuir para apressar a chegada dessa época.»

Assim, chegou-se à época não apenas da literatura universal, mas da hibridação universal. E um dia Borges acrescentaria, com o conjunto de sua obra, uma glosa: tudo pode ser considerado literatura. Esta é hoje a embarcação fantasma que transporta todas as possíveis combinações de formas e as acolhe sobre um fundo neutro, equânime, que não é uma tela mas uma mente hipotética. E talvez seja um dos raros privilégios de nossos tempos que esse fato, por si só inaudito, tenha penetrado na sensibilidade geral sem encontrar obstáculos. Atualmente a literatura ou não é absolutamente percebida (é o normal) ou dificilmente consegue distinguir-se do todo. Devemos a isso também o fato de que aqueles seiscentos títulos da Biblioteca possam ter sido reunidos sem criar choques e estridências. Passar de qualquer um deles a todos os outros se tornou possível para qualquer leitor, assim como o foi para aqueles que contribuíram para fazer com que fossem abrigados dentro da mesma moldura. E é este, afinal, o motivo secreto que anima a própria ideia de coleção — e da Biblioteca mais do que de qualquer outra: ser entendida literalmente, de modo que cada grão permaneça ligado a todos os outros na mesma corrente.[6]

Determinante para o êxito da Biblioteca foi que se estabeleceu certa relação de cumplicidade entre a coleção e seu obscuro, variado e perceptivo público. Podem-se dar vários exemplos, mas o mais clamoroso aconteceu com Simenon.

Quando fui encontrá-lo em Lausanne, no outono de 1982 — junto com Daniel Keel e Vladimir Dimitrijević (o primeiro, editor de Simenon em língua alemã; o outro, o maior entendedor de Simenon que conheci) —, a situação de seus livros na Itália era a seguinte: muitos Maigret, em edições de banca de jornal — e nenhum dos «não Maigret», ou «romances duros», como os chamava Simenon. Muitos obviamente haviam sido

---

6 A palavra italiana *collana* signfica tanto «coleção» como colar.
[N. T.]

publicados, a partir dos anos 1930, visto que Mondadori fora, para Simenon, o primeiro de seus grandes editores estrangeiros. Mas todos, pouco a pouco, haviam saído de circulação. Simenon não sabia que a situação era essa e ficou estupefato. Acrescentei que nosso plano era publicar os «não Maigret» na Biblioteca, apresentando-os como a obra de um dos maiores narradores do século.

Foi apenas o início, porque havia obstáculos contratuais. Eu tinha quase perdido as esperanças de encontrar uma solução, quando por fim Simenon — notoriamente drástico no trato com os editores — me informou, dois anos mais tarde, que podíamos seguir em frente. E creio que tenha sido determinante uma longa carta de Fellini apoiando nosso projeto. Entre Fellini e Simenon havia um entendimento total, e Fellini conhecia a obra de Simenon como ninguém na Itália.

O primeiro Simenon que publicamos, em abril de 1985, foi *Carta para minha mãe*, na Piccola Biblioteca. Não apenas por ser um texto ardente, de alta intensidade, mas por um motivo que dizia respeito ao autor. Simenon, de fato, se sentira ofendido porque a Mondadori sempre evitara publicar aquele pequeno livro, argumentando que era «curto demais». A *Carta* não teve um sucesso imediato, ainda que alguns — poucos — tenham percebido que se tratava de um texto revelador.

Mas tínhamos plena consciência de que o êxito do experimento Simenon poderia ser julgado apenas com o resultado dos romances «não Maigret». Se fôssemos à Einaudi nos anos 1950, teríamos imediatamente nos preocupado em achar um prefaciador que legitimasse a operação e dirigisse o leitor a uma correta leitura do autor. Mas a Adelphi jamais se inclinara aos enquadramentos e à pedagogia, que inevitavelmente estavam unidos a certo paternalismo em relação ao leitor. Decidimos assim apresentar Simenon como um dos grandes escritores do século XX, mas deixando apenas subentendido. E, naquele momento, não se pode dizer que fosse um juízo difuso: hoje Simenon está na Pléiade, mas então — mesmo na França — não se encontrava frequentemente seu nome nas histórias literárias.

Não era fácil escolher com que romance começar. Discuti longamente com Dimitrijević — e por fim a escolha recaiu sobre *A janela da frente*. Antes de mais nada porque era um dos romances mais perfeitos de Simenon, praticamente esquecido na França e ignorado na Itália. Mas havia outro motivo: publicado em 1933 e ambientado em Batumi, no mar Negro, aquele romance apresentava a Rússia soviética como mais ninguém havia conseguido até então. Quando escreveu a obra, Simenon — o mago das atmosferas, como muitas vezes o chamariam — conhecia a União Soviética apenas superficialmente. Em suas lembranças de 1933, Tigy, mulher de Simenon naquela época, anota:

> Em junho velejamos em direção à Turquia: Istambul, Ancara; depois à Rússia do Sul: costa do mar Negro, Odessa, Ialta, Sebastopol, Batumi. O romance *A janela da frente* dirá claramente até que ponto o ambiente russo é deprimente, angustiante, sem segurança. A delação, a desconfiança são a regra. Corremos o risco de ser retidos e bloqueados em Batumi. Parecia que nosso visto não estava em ordem. Ainda bem que o caviar é formidável. Entrevista com Trótski em Prinkipo.

Mas foi o suficiente para Simenon. Com suas formidáveis antenas, havia *sentido o clima* da Rússia soviética, com a pura arte do narrar entrara nas veias daquele imenso sistema policialesco soviético e persecutório que, 24 anos depois, alguns dentre os mais respeitáveis intelectuais italianos definiriam como «Estado guia». Era um caso de precisão visionária de que poucos seriam capazes.

A janela da frente foi publicado em outubro de 1985 com uma tiragem de 9 mil cópias. Estávamos todos muito curiosos para ver quais seriam as reações na imprensa. E o sinal decisivo chegou logo. Em meados de novembro, o *Corriere della Sera* publicou um artigo de Goffredo Parise, «Georges Simenon e o policialesco ‹metafísico›», que li com uma vaga sensação alucinatória, pois ali se dizia, com grande elegância e incisividade, tudo aquilo que eu esperava que pudesse ser percebido, não apenas do livro, mas da maneira como era apresentado. O ponto de partida eram a contracapa e a capa (nesse caso um Willink, que além disso certamente *não* representava uma paisagem do mar Negro). Tecendo o discurso a partir de considerações estritamente editoriais, Parise chegava ao cerne do livro: «Escrito em meados dos anos 1930 por um gênio, essa breve obra-prima é o romance da polícia, do controle, da anulação total do homem sob a mais potente, importante e demiúrgica ditadura policialesca que o homem moderno já conheceu». Pouco depois, com um toque magistral, Parise mencionava «cenas, hábitos e nomes que parecem cobertos pelo pó branco da pintura surrealista e metafísica». O mesmo *pó branco* que cobre os edifícios pintados por Willink no quadro da capa.

Depois daquele artigo de Parise, não me lembro de que alguém tenha se atrevido a duvidar da idoneidade de Simenon para ser considerado um dos maiores narradores do século xx. E o entusiasmo de Parise deve ter contagiado muitos leitores, pois os 45 romances sucessivos se estabilizariam em uma tiragem inicial de 50 mil cópias.

Em seu artigo, Parise detinha-se longamente no curioso fenômeno pelo qual um leitor qualquer, depois de ter observado e folheado na livraria um livro do qual nada sabe, chega ao ponto em que,

> sem conseguir resistir mais, apanha o livro e o leva para casa impaciente para lê-lo. Então o lê e descobre que é uma obra-prima. Por que *tout se tient*? Em primeiro lugar, porque o editor descobriu uma verdadeira obra-prima, lendo-a e não a dando para ler, e assim capa e contracapa vêm naturalmente, seguem a obra-prima inspiradas e vitalizadas por ela. E eis aí o processo pelo qual o leitor pega o livro, corre para casa, põe de lado qualquer outra coisa e mergulha na leitura, descobrindo por conta própria que é uma obra-prima. Simples, não? Mas parece que é algo dificílimo no atual panorama editorial, tão difícil que quando acontece é uma festa.

O processo mencionado por Parise implicava que se estabelecesse uma relação de cumplicidade entre editor e leitor, relação que os doutrinários do marketing, em suas abissais reflexões, definem como «valor agregado da marca», uma expressão que lhes parece muito apropriada. Como é possível estabelecer essa relação? A cumplicidade com pessoas que não se conhecem pode ser criada apenas com base em suas reiteradas experiências de não desilusão. Mas como se pode ter certeza de não se desiludir? É praticamente impossível, ao relacionar-se com uma massa de desconhecidos, quanto mais díspares como são aqueles que podem tomar um livro nas mãos. É melhor renunciar. Ou, ao contrário, reduzir-se a uma regra mínima: pensar que aquilo que não nos desiludiu não decepcione (entendendo aquele minúsculo grupo que compõe a direção de uma editora). Caso essa regra se aplique, o resultado (o livro publicado) será altamente idiossincrático. De maneira que muitos nem mesmo o pegarão, apenas por falta de interesse. E são justamente esses leitores que com certeza ficariam desiludidos. Restam os outros: muito poucos, em princípio. Mas que podem também se tornar muitos. São os afins, talvez atraídos, diria Parise, por uma imagem na capa, que oferece «a possibilidade de recriar, por meio da ilustração, a atmosfera, o *Stimmung* do livro». E será com esses não desiludidos que o editor, com o tempo, pode estabelecer uma aliança tática.

Pode-se objetar, nesse ponto, que a obra de Simenon possui tal energia intrínseca e tal capacidade de penetração capilar que certos efeitos não devem causar estupor. Não se compreende, porém, por que então os mesmos efeitos não aconteçam nos Estados Unidos, na Inglaterra, na Alemanha ou na própria França (para os romances «não Maigret» de que aqui se fala). Evidentemente ainda tem certa importância, para determinadas obras e certos leitores, a maneira como os livros são apresentados e o contexto — que pode ser insinuado até mesmo por uma moldura — no

OS LIVROS ÚNICOS

qual aparecem. É precisamente essa a função essencial do editor. Enquanto a cumplicidade continuar a se instaurar, a editoria seguirá um jogo apaixonante. Mas, se um dia, que muitos esperam próximo, tudo isso se tornasse supérfluo, tanto para o livro específico quanto para o leitor específico, entraríamos realmente em outra era. Nesse caso seria necessário definir de maneira diversa o próprio ato de ler. E sem dúvida outros livros seriam lidos.

Recordo a ocasião em que me encontrei pela primeira vez com o padre Pozzi. O ano era 1976 e havia uma nova coleção de clássicos italianos, a Ricciardi-Einaudi. Os discursos eram pronunciados de forma mais ou menos previsível, incluindo o lamento pela pouca sensibilidade dos leitores italianos em relação à sua própria literatura. E aqui interveio o padre Pozzi, com uma veemência e um ardor que me pareceram admiráveis. Não se trata, disse, de censurar uma insensibilidade genérica dos leitores, mas de verificar antes de mais nada a que eles se revelam insensíveis. Ora, aquilo que os leitores encontram hoje nas prateleiras das livrarias *não é* a literatura italiana, mas uma *seção*, bastante restrita, à qual essa literatura foi reduzida graças aos esforços conjuntos de italianistas e editores. O que permanece fora dessa área é enorme. Pozzi deu então vários exemplos. Citou em primeiro lugar a literatura religiosa, que permeou desde as origens a literatura italiana e hoje está em grande parte dela excluída. Inútil dizer que eu concordava totalmente com suas palavras. Mas outro aspecto me chamou a atenção: diante de mim havia um grande filólogo, um grande crítico e ao mesmo tempo um *homo religiosus* — e as três fisionomias coincidiam, com uma naturalidade que contribuía para reforçar cada um dos três aspectos. Além disso, penso hoje e pensava então, a mística é uma ciência exata, como bem sabiam os videntes védicos — e dela derivam todas as outras formas de exatidão.

A esse retrato do padre Pozzi queria agora aproximar outro, o homem que traçou o primeiro programa da Adelphi, no início dos anos 1970: Roberto Bazlen. De Bazlen eu poderia dizer, antes de mais nada, que talvez fosse o homem mais religioso que conheci e certamente o menos puritano. Suas leituras eram infinitas, mas no fim das contas apenas uma espécie de livro o entusiasmava, independentemente da forma que tivessem ou da época e civilização a que pertencessem: aquele tipo de livro que é uma experimentação do conhecimento, e como tal pode se transmutar na experiência de quem o lê, transformando-a por sua vez. Percebo ter assim definido também o *animus* além da *alma* dos livros religiosos publicados pela Adelphi: obras escolhidas não em homenagem a certa obrigação cultural, não porque fossem representativas de uma espécie de Unesco do espírito, que é exatamente o oposto daquilo a que nos

OS LIVROS ÚNICOS

propusemos, mas porque eram portadoras de uma possibilidade de conhecimento que, caso ignorada, tornaria nossa vida simplesmente mais estreita.

Percebo ter dado ênfase à palavra «conhecimento», sem contudo ter me referido àquela outra palavra, «fé», que geralmente encontramos em primeiro lugar, inclusive nos dicionários, quando se fala de religião. Mas certamente não quero ignorar a dificuldade imposta por essa virtude teologal. A razão da omissão provisória é esta: paradoxalmente, a palavra «fé», pelo desgaste semântico que sofreu, muitas vezes acaba por se tornar um obstáculo e já não uma ajuda para falar do religioso na acepção que eu pretendia. Tanto que, para conciliá-la com a palavra conhecimento, sinto necessidade de traduzi-la em sânscrito. Os videntes védicos falavam de *śraddhā*, que significa «confiança na eficácia dos gestos rituais». Aqui se faz necessária uma glosa: «gesto ritual», para os videntes védicos, significava em primeiro lugar «gesto mental». Um gesto mental tendencialmente perpétuo, assim como o gesto ritual, na visão védica, ocupava a totalidade do ano, isto é, do tempo. Tudo isso é facilmente retraduzível em termos mais próximos a nós: o que é de fato a oração ininterrupta da qual falam os *Relatos de um peregrino russo*, do Anônimo russo, senão um gesto mental perpétuo? O que implica esse «gesto mental» senão a virtude do abandono, como foi ilustrado com sublime clareza por Jean-Pierre de Caussade em suas cartas sobre o abandono à Providência Divina? Mas gostaria de dar também outro exemplo, que poderia ser definido como a «cena originária» do *śraddhā*, dessa singular forma da fé. O primeiro livro que tive oportunidade de traduzir e editar para a Adelphi, em 1966, foi a autobiografia de santo Inácio de Loyola. Texto breve e ácido ditado pelo santo em seus últimos anos ao fiel Gonçalvez da Cámara e que chegou até nós em uma redação que mistura castelhano e italiano. É um relato rápido e essencial, que preserva o ritmo da narração oral. Sabemos que santo Inácio foi em sua juventude um homem das armas, de caráter violento e inflamado pelos romances de cavalaria. Certo dia, quando a transformação religiosa já atuava nele, mas ainda em meio a vários tormentos, santo Inácio viu-se cavalgando uma mula na estrada de Montserrat. E aqui cedo a palavra a seu relato:

> Então, enquanto andava por seu caminho, foi alcançado por um mouro, que cavalgava uma mula; e, conversando, vieram falar de Nossa Senhora; e o mouro disse que sim, parecia-lhe que a Virgem tivesse concebido sem homem; mas que tivesse dado à luz permanecendo virgem não podia acreditar e, como prova disso, dava as causas naturais que a ele se ofereciam. O Peregrino, por mais razões que desse,

não pôde demovê-lo daquela opinião. E assim o mouro prosseguiu por seu caminho com tanta pressa que o Peregrino o perdeu de vista, ficando a pensar no que havia acontecido com o mouro. E assim começou a sentir impulsos que produziam descontentamento em sua alma, parecendo-lhe não ter feito o próprio dever e provocando seu descontentamento com o mouro, como se tivesse errado ao permitir que um mouro dissesse aquelas coisas de Nossa Senhora, e que era obrigado a defender sua honra. E assim o tomavam desejos de ir em busca do mouro e de apunhalá-lo por aquilo que havia dito; e, perseverando muito na luta desses desejos, por fim ficou na dúvida, sem saber a que era obrigado. O mouro, que o precedia, lhe tinha dito que ia a um lugar um pouco adiante em seu mesmo caminho, muito próximo do caminho real, mas que o caminho real não passava por lá.

E então, cansado de examinar o que seria melhor fazer, sem encontrar a coisa certa a que se dirigir, decidiu assim, isto é, que deixaria a mula ir com a rédea solta até o ponto em que se dividiam os caminhos; e, se a mula pegasse o caminho do vilarejo, iria atrás do mouro e o apunhalaria; e, se não fosse na direção do vilarejo, mas pegasse o caminho real, o deixaria em paz. Fez assim como havia pensado, e Nosso Senhor quis que, embora o vilarejo estivesse a pouco mais de trinta ou quarenta passos e o caminho que levava até ele fosse muito mais largo e plano, a mula tomasse o caminho real e deixasse o do vilarejo.

Depois desse episódio, santo Inácio prossegue, sem comentá-lo. Mas sabemos hoje que aquela cena de incerteza entre duas vias, uma que o teria levado a assassinar um ignoto mouro, a outra que conduziu santo Inácio a Montserrat e a todo o resto de sua vida, é uma imagem admiravelmente icástica daquela *śraddhā*, daquela confiança em certa relação entre a mente e o mundo que toca em cada instante a vida de todos nós. Entenda-se: de todos nós sem distinção, quer pertençamos ou não a uma confissão religiosa. Tendo chegado até aqui, deveria estar claro que o religioso, entendido nessa acepção de seus dois termos indispensáveis — conhecimento e fé (a *śraddhā*) —, investe cada ângulo de nossa experiência, dado que em cada ângulo de nossa experiência estamos em contato com coisas que escapam ao controle de nosso eu — e precisamente no âmbito daquilo que está para além de nosso controle se encontra aquilo que para nós é mais importante e essencial. É esta, no fundo, a razão pela qual os livros que mencionei até aqui foram publicados pela Adelphi. A eles se associam, às vezes justapostos e às vezes sobrepostos, os livros de matéria mitológica — «não perfeitamente sinônimos», como observa o padre Pozzi. Também nesse caso se trata da relação com o desconhecido. Se em todas as partes, nas florestas brasileiras ou no deserto do Kalahari, na China arcaica e na Grécia homérica, na Mesopotâmia e no Egito e também na Índia védica, a primeira forma pela qual se manifestou a linguagem foi aquela da narrativa — uma narrativa que falava de seres não completamente humanos —, isso pressupõe que nenhum outro uso da palavra parecia mais eficaz para estabelecer um contato com entidades que nos envolvem e nos superam. E não há risco de que essas histórias, muitas vezes imensamente remotas no tempo e no espaço, nos resultem estranhas ou incompreensíveis. Todas as histórias míticas, qualquer que seja sua origem, têm a ver com algo que nos é muito próximo, ainda que frequentemente o ignoremos. E nada serve tão bem para demonstrá-lo como precisamente outra história, dessa vez hassídica, de Martin Buber, retomada por Heinrich Zimmer:

O rabi Eisik, filho do rabi Jekel, vivia no gueto de Cracóvia. Sua fé permanecera intacta durante os anos de aflição e ele era um pio servo do Senhor.

Certa noite teve um sonho; o sonho ordenava que ele fosse para longe, até a capital do reino da Boêmia, Praga. Lá encontraria um tesouro escondido, sepultado sob a ponte que ligava a cidade ao castelo. O rabi ficou surpreso, mas adiou a partida. O sonho voltou ainda duas vezes. Na terceira vez, o rabi se preparou para a viagem e partiu.

Ao chegar à cidade de Praga, o rabi Eisik descobriu que a ponte era vigiada por sentinelas, dia e noite. Desse modo, não conseguia encontrar uma ocasião para escavar. Voltava todas as manhãs e caminhava perto da ponte até tarde, observando as sentinelas, estudando sem se fazer notar o solo e a muralha. Finalmente o chefe dos guardas, desconfiado da insistência do velho, aproximou-se dele e lhe perguntou se tinha perdido algo ou se por acaso estava esperando a chegada de alguém. Então o rabi Eisik contou, com simplicidade, o sonho que havia tido. O chefe dos guardas começou a rir.

«Ah, se é assim, pobre de vós», disse. «Consumistes vossos calçados apenas por um sonho? Mas que pessoa sensata confiaria em um sonho? Se eu tivesse confiado em um sonho, neste momento não estaria aqui. Teria iniciado uma viagem também tola como a vossa, e sinceramente com o mesmo resultado. Mas deixai que eu vos conte meu sonho.»

O rabi nutria simpatia pelo oficial e se dispôs de bom grado a escutá-lo. Assim disse o oficial: «Sonhei com uma voz que me ordenava ir a Cracóvia e, uma vez lá, procurar um grande tesouro na casa de um rabi de nome Eisik, filho de Jekel. Encontraria o tesouro em um canto sujo de sua casa, atrás da estufa. Imaginai: Eisik, filho de Jekel», disse uma vez mais o capitão, rindo. «Imaginai: ir a Cracóvia e abater todos os muros do gueto, porque lá metade dos homens se chama Eisik e a outra metade se chama Jekel!» E continuava rindo.

O rabi continuava escutando com interesse, mas sem que o outro percebesse. Então, depois de ter se inclinado profundamente e ter agradecido ao estrangeiro, que agora já era seu amigo, apressou-se em voltar para a sua cidade. Ao entrar em casa, começou a escavar no canto mais obscuro e sujo, atrás da estufa, e ali encontrou o tesouro que pôs fim às suas desgraças. Com uma parte daquele dinheiro mandou construir uma casa para orações que ainda hoje leva seu nome.

Qual é o ponto — ao menos o primeiro ponto — dessa admirável história? Certamente não que o verdadeiro tesouro esteja sempre perto de nós. Isso soaria como um tranquilizante lugar-comum. O tesouro perto de nós, por si só, é inerte, como se fosse inexistente. O ponto verdadeiro é a viagem, ou melhor: a viagem improvável. Uma viagem improvável porque leva alhures, a um lugar inverossímil — e sobretudo confiando, com um gesto de *śraddhā*, em algo que por definição é elusivo e não fornece garantias: um sonho. Mas é só a viagem que faz o tesouro existir. E isso já deveria ser suficiente, como resposta à pergunta sobre a utilidade das mitologias. A primeira virtude das histórias, no fim das contas, é a evidência, uma evidência que fala por si mesma, do tecido da própria história.

Um bom editor é aquele que publica aproximadamente um décimo dos livros que gostaria e talvez devesse publicar. As obras religiosas e mitológicas do catálogo da Adelphi deveriam por isso ser vistas como indicações de um percurso em que, em cada direção, os livros físicos se acompanham de uma multidão de livros virtuais, como sombras amigas. E gostaria de acrescentar que um bom editor é também aquele em cujos livros essas sombras amigas são natural e irresistivelmente suscitadas. Elas nos acenam de lugares remotos, à espera de serem novamente evocadas, na forma usual de páginas a serem lidas.

II

A edição como gênero literário

Gostaria de lhes falar de algo que em geral se dá por subentendido, mas que na verdade revela-se como absolutamente não óbvio: a arte de publicar livros. E antes gostaria de me deter um instante no conceito de edição em si, porque ele me parece estar envolto em uma enorme quantidade de equívocos. Se perguntamos a alguém: o que é uma editora?, a resposta habitual, e também a mais razoável, é a seguinte: trata-se de um ramo secundário da indústria no qual se tenta fazer dinheiro publicando livros. E o que deveria ser uma *boa* editora? Uma boa editora seria — se me permitem a tautologia — aquela que publique, na medida do possível, *apenas* bons livros. Assim, para usar uma definição rápida, livros dos quais o editor tende a sentir orgulho, em vez de vergonha. Desse ponto de vista, uma editora como essa dificilmente poderia se revelar de particular interesse em termos econômicos. Publicar bons livros nunca deixou ninguém milionário. Ou, pelo menos, não em uma medida comparável àquilo que pode acontecer fornecendo ao mercado água mineral, computadores ou sacolas plásticas. Aparentemente, uma empresa editorial pode produzir ganhos consideráveis apenas com a condição de que os bons livros estejam submersos entre muitas coisas de qualidade muito diferentes. E, quando se está submerso, pode facilmente acontecer de se afogar — e assim desaparecer por completo.

Seria necessário recordar que a edição, em inúmeras ocasiões, se mostrou uma via rápida e segura para dilapidar e dissipar patrimônios substanciosos. Eu poderia inclusive acrescentar que, junto com *roulette* e *cocottes*, fundar uma editora sempre foi, para um jovem de berço nobre, uma das maneiras mais eficazes de dissipar a própria fortuna. Se as coisas estão assim, é de se perguntar o motivo pelo qual o papel de editor atraiu ao longo dos séculos um número tão grande de pessoas — e continue sendo considerado fascinante e, em certa medida, misterioso, ainda hoje. Não é difícil, por exemplo, perceber que não há título mais almejado por certos magnatas da economia, que muitas vezes o conquistam literalmente por um preço alto. Se essas pessoas pudessem afirmar que *publicam* verduras congeladas, em vez de produzi-las, supostamente ficariam felizes. Pode-se assim chegar à conclusão de que, além de ser um ramo dos negócios, a edição foi sempre uma questão de prestígio, quando

A EDIÇÃO COMO GÊNERO LITERÁRIO

menos por se tratar de um gênero de negócios que ao mesmo tempo é uma arte. Uma arte em todos os sentidos, e com certeza uma arte perigosa, porque, para exercê-la, o dinheiro é um elemento essencial. Desse ponto de vista, pode-se afirmar que muito pouco mudou desde os tempos de Gutenberg.

E todavia, se percorrermos com o olhar cinco séculos de edição tentando pensar a própria edição como uma arte, imediatamente veremos surgir paradoxos de todos os tipos. O primeiro poderia ser este: segundo qual critério pode-se julgar a grandeza de um editor? Sobre esse ponto, como costumava dizer um amigo espanhol, não existe bibliografia. É possível ler estudos muito eruditos e minuciosos sobre a atividade de certos editores, mas muito raramente nos deparamos com um juízo sobre sua grandeza, como, ao contrário, costuma acontecer quando se trata de escritores ou pintores. Em que consistirá, então, a grandeza de um editor? Tentarei responder a essa questão com alguns exemplos. O primeiro, e talvez o mais eloquente, nos leva às origens da edição. Com a imprensa aconteceu um fenômeno que se repetiria mais tarde quando do nascimento da fotografia. Ao que parece, fomos iniciados nessas inovações por mestres que atingiram de imediato uma excelência inatingível. Caso se queira entender o essencial da fotografia, é suficiente estudar a obra de Nadar. Caso se deseje entender o que pode ser uma grande editora, é suficiente dar uma olhada nos livros impressos por Aldo Manúcio, que foi o Nadar da editoria. Manúcio foi o primeiro a imaginar uma editora em termos de forma. E aqui a palavra «forma» deve ser entendida de muitas e diferentes maneiras. Em primeiro lugar, a forma é decisiva na escolha e na sequência dos títulos a serem publicados. Mas a forma diz respeito também aos textos que acompanham os livros, além da maneira pela qual o livro se apresenta como objeto. Por isso inclui a capa, o projeto gráfico, a diagramação, os tipos, o papel. O próprio Aldo costumava escrever sob forma de cartas ou *epistulae* aqueles breves textos introdutórios que são os precursores não apenas de todas as modernas introduções, prefácios e posfácios, mas também de todas as orelhas, dos textos de apresentação aos livreiros e da publicidade atual. Foi aquele o primeiro sinal de que todos os livros publicados por um determinado editor podiam ser vistos como elos de uma mesma corrente, ou segmentos de uma serpente de livros, ou fragmentos de um único livro composto de todos os livros publicados por esse editor. Esse, obviamente, é o objetivo mais audaz e ambicioso de um editor, e assim tem sido por quinhentos anos. E, se lhes parece que se trata de uma empresa irrealizável, é suficiente lembrar que também a literatura, se não ocultar, lá no fundo, o impossível, perde toda magia. Acredito que algo análogo possa ser dito da edição — ou ao menos dessa maneira

A EDIÇÃO COMO GÊNERO LITERÁRIO

particular de ser editor que certamente não foi praticada com muita frequência ao longo dos séculos, mas às vezes teve resultados memoráveis. Para dar uma ideia daquilo que pode nascer dessa concepção da edição, farei menção a dois livros impressos por Aldo Manúcio. O primeiro foi publicado em 1499 com o obscuro título *Hypnerotomachia Poliphili*, que significa «Batalha de amor em sonho». Mas do que se tratava? Era aquilo que se chamaria de «primeiro romance». Ainda por cima de um autor desconhecido (e ainda hoje enigmático), escrito em uma língua imaginária, uma espécie de *Finnegans Wake* composto apenas de misturas e hibridações entre italiano, latim e grego (enquanto o hebraico e o árabe apareciam nas xilografias). Uma operação, poder-se-ia dizer, bastante ousada. Mas que aspecto tinha o livro? Era um volume in-fólio, ilustrado com magníficas gravuras que constituíam uma perfeita contraparte visual do texto. O que é ainda mais ousado. Mas aqui temos de acrescentar algo: segundo a imensa maioria dos apaixonados por livros, este é *o mais belo livro* jamais impresso. O que poderia ser comprovado por cada um de vocês, caso tivessem a oportunidade de ter em mãos uma cópia daquela edição ou mesmo um bom fac--símile. Aquele livro era obviamente uma jogada de gênio, único e irrepetível. E ao criá-lo o editor teve um papel fundamental. Mas não pensem que Manúcio foi grande apenas como preparador de tesouros para os bibliófilos dos séculos vindouros. O segundo exemplo que também lhe diz respeito vai em uma direção completamente diferente: três anos depois de publicar a *Hypnerotomachia*, em 1502, Manúcio publicou uma edição de Sófocles em um formato que ele quis definir como *parva forma*, «pequena forma». Quem, hoje em dia, tivesse a sorte de tê-lo em mãos constataria imediatamente que é o primeiro livro de bolso da história, o primeiro *paperback*. Literalmente, o primeiro livro que se podia enfiar em um bolso. Inventando um livro desse formato, Manúcio transformou os gestos que acompanhavam a leitura. Assim, o próprio ato de ler mudou de maneira radical. Observando o frontispício é possível admirar a elegância do caractere grego cursivo que aqui é usado pela primeira vez e em seguida se tornou um precioso ponto de referência. Por isso, Manúcio foi capaz de atingir dois resultados opostos: por um lado, criar um livro como *Hypnerotomachia Poliphili*, que jamais teria igual e é quase o arquétipo *do livro único*. Por outro, criar um livro completamente diferente, como o Sófocles, que, ao contrário, seria copiado milhões e milhões de vezes em todos os lugares, até hoje.

Não direi mais sobre Aldo Manúcio porque já vejo perfilar-se uma pergunta em sua mente, pergunta que poderia ser assim formulada: o.k., tudo isso é fascinante e pertence às glórias do Renascimento italiano, mas o que tem a ver conosco e com os editores de hoje, submersos

A EDIÇÃO COMO GÊNERO LITERÁRIO

pela maré crescente de tablets, e-books e DVDs — para não falar das diversas relações incestuosas entre todos esses dispositivos? Se tiverem a paciência de me seguir ainda por alguns instantes, tentarei dar uma resposta a essa pergunta usando outros exemplos. De fato, se eu lhes dissesse sem rodeios que um bom editor de nossos dias deveria simplesmente tentar fazer aquilo que Manúcio fazia em Veneza no primeiro ano do século XVI, vocês poderiam pensar que estou fazendo uma piada — mas não estou, de forma alguma. Assim, vou lhes falar de um editor do século XX para mostrar como ele agiu exatamente daquela maneira, ainda que em um contexto completamente diferente. Ele se chamava Kurt Wolff. Era um jovem alemão, elegante, um pouco abastado. Queria publicar novos escritores de alta qualidade literária. Assim, inventou para eles uma coleção de livros breves, com um formato inusitado, chamada «Der Jüngste Tag», «O dia do juízo», um título que hoje parece completamente apropriado para uma coleção de livros que foram publicados em grande parte durante a Primeira Guerra Mundial. Se vocês derem uma olhada nesses livros de cor preta, finos e austeros, com as etiquetas coladas em cima, como cadernos escolares, talvez possam pensar: «É assim que um livro de Kafka deveria apresentar-se». E de fato algumas narrativas de Kafka foram publicadas nessa coleção. Entre elas, *A metamorfose*, em 1915, com uma bela etiqueta azul e uma moldura preta. Na época, Kafka era um jovem escritor pouco conhecido e extremamente discreto. Contudo, lendo as cartas que Kurt Wolff lhe escrevia,[7] vocês perceberão no mesmo instante, por seu fino tato e pelas delicadas cortesias, que o editor simplesmente *sabia* quem era seu correspondente.

Kafka, ademais, com certeza não era o único escritor jovem publicado por Kurt Wolff. Em 1917, ano bastante turbulento para o mundo editorial, Kurt Wolff recolheu em um almanaque, que tinha como título *Vom Jüngsten Tag*, textos de alguns jovens autores: Franz Blei, Albert Ehrenstein, Georg Heym, Franz Kafka, Else Lasker--Schüler, Carl Sternheim, Georg Trakl, Robert Walser. São os nomes dos escritores que, naquele ano, se encontraram reunidos sob o teto do mesmo jovem editor. E aqueles mesmos nomes, sem exceção, fazem parte da lista dos autores essenciais que um jovem hoje deve ler se quiser saber algo sobre a literatura alemã dos primeiros anos do século XX.

A essa altura, minha tese deveria estar bastante clara. Aldo Manúcio e Kurt Wolff não fizeram nada de substancialmente diferente, a uma distância de

---

7 Essas cartas podem ser lidas no livro *Memórias de um editor* (Belo Horizonte: Âyiné, 2017). Kurt Wolff fornece uma descrição detalhada desse encontro. [N. T.]

quatrocentos anos um do outro. De fato, exerceram a mesma *arte da edição* — ainda que essa arte possa passar despercebida aos olhos da maioria, inclusive dos editores. E essa arte pode ser julgada em ambos os casos com os mesmos critérios, o primeiro e o último dos quais é a *forma*: a capacidade de dar forma a uma pluralidade de livros como se eles fossem os capítulos de um único livro. E tudo isso tendo cuidado — um cuidado apaixonado e obsessivo — com a aparência de cada volume, com a maneira como são apresentados. E por fim, também — e não é certamente o ponto de menor importância —, com o modo como esse livro pode ser vendido ao maior número de leitores.

Há aproximadamente cinquenta anos Claude Lévi--Strauss propôs considerar uma das atividades fundamentais do gênero humano — ou seja, a elaboração de mitos — como uma forma particular de bricolagem. Além disso, os mitos são constituídos de elementos já prontos, muitos dos quais derivados de outros mitos. A essa altura, sugiro modestamente considerar também a arte da edição como uma forma de bricolagem. Tentem imaginar uma editora como um único texto formado não apenas pela somatória de todos os livros que ela publicou, mas também por todos os seus outros elementos constitutivos, como as capas, os textos de orelha, a publicidade, a quantidade de exemplares impressos e vendidos ou as diferentes edições em que o mesmo texto foi apresentado. Imaginem uma editora assim e se encontrarão imersos em uma paisagem muito singular, algo que vocês poderiam considerar uma obra literária em si, pertencente a um gênero específico. Um gênero que ostenta seus clássicos modernos: por exemplo, os vastos domínios da Gallimard, que das tenebrosas florestas e dos pântanos da Série Noire estendem-se aos planaltos da Pléiade, incluindo porém também várias graciosas cidades de província ou vilas turísticas que por vezes se assemelham às vilas Potëmkin construídas de papel machê, nesse caso não para a visita de Catarina, mas para uma temporada de prêmios literários. E sabemos muito bem que, quando chega a se expandir dessa maneira, uma editora pode assumir certo caráter imperial. Assim, o nome Gallimard é conhecido até nos confins mais remotos por onde se estende a língua francesa. Ou, em outro âmbito, poderíamos nos encontrar nas vastas propriedades da Insel Verlag, que dão a impressão de terem pertencido por muito tempo a um iluminado senhor feudal que no fim deixou suas posses aos mais devotos e fiéis intendentes... Não quero insistir demasiado, mas vocês já podem ver que dessa maneira é possível conceber mapas muito detalhados.

Considerando as editoras a partir dessa perspectiva, ficará talvez mais claro um dos pontos mais misteriosos

A EDIÇÃO COMO GÊNERO LITERÁRIO

de nossa profissão: por que um editor recusa um livro? Porque percebe que publicá-lo seria como introduzir um personagem equivocado em um romance, uma figura que poderia ameaçar o equilíbrio do conjunto ou desfigurá-lo. Um segundo ponto diz respeito ao dinheiro e aos exemplares: seguindo essa linha, será preciso levar em consideração a ideia de que a capacidade de fazer ler (ou, pelo menos, *comprar*) certos livros é um elemento essencial da qualidade de uma editora. O mercado — ou a relação com aquele desconhecido, obscuro ser que é chamado «o público» — é a primeira provação do editor, na acepção medieval do termo: uma prova de fogo que pode também fazer virar cinzas uma grande quantidade de dinheiro. A edição, portanto, poderia ser definida como um gênero literário híbrido, multimídia. E híbrida, sem dúvida, ela é. Quanto à usa mescla com outras mídias, trata-se de algo que já se tornou óbvio. Não obstante, a edição como jogo permanece fundamentalmente aquele mesmo velho jogo que Aldo Manúcio praticava. E um novo autor que nos procura com um livro obscuro é para nós muito parecido ao ainda hoje elusivo autor do romance intitulado *Hypnerotomachia Poliphili*. Enquanto esse jogo durar, estou certo de que sempre haverá alguém pronto para jogá-lo com paixão. Mas, se um dias as regras porventura mudarem radicalmente, como por vezes somos levados a temer, estou também certo de que saberemos nos dedicar a alguma outra atividade — e poderemos também nos encontrar ao redor de uma mesa de *roulette*, de *écarté* ou de *black jack*.

Gostaria de concluir com uma última pergunta e um último paradoxo. Até que extremos pode-se impelir a arte da edição? É possível ainda concebê-la em circunstâncias em que venham tendencialmente a faltar certas condições essenciais, como o dinheiro e o mercado? A resposta — surpreendente — é afirmativa. Pelo menos se observamos um exemplo que nos chegou da Rússia. Em plena revolução de outubro, naqueles dias que foram, nas palavras de Aleksandr Blok, «uma mistura de angústia, horror, penitência, esperança», quando as tipografias já tinham sido fechadas por tempo indeterminado e a inflação fazia com que os preços subissem de hora em hora, um grupo de escritores — entre os quais um poeta como Khodassevitch e um pensador como Berdiaev, além do romancista Mikhail Osorgin, que foi em seguida o cronista desses eventos — decidiu lançar-se à empresa aparentemente insensata de abrir uma Livraria dos Escritores, que permitisse que os livros, e sobretudo certos livros, continuassem *circulando*. Rapidamente, a Livraria dos Escritores se tornou, nas palavras de Osorgin, «a única livraria em Moscou e em toda a Rússia na qual qualquer pessoa podia adquirir um livro ‹sem autorização›».

A EDIÇÃO COMO GÊNERO LITERÁRIO

O que Osorgin e seus amigos desejavam criar era uma pequena editora. Mas as circunstâncias tornavam isso impossível. Então usaram a Livraria dos Escritores como uma espécie de duplo de uma editora. Não mais um lugar onde se produziam livros novos, mas onde se tentava dar hospitalidade e circulação aos inúmeros livros — às vezes preciosos, às vezes comuns, frequentemente únicos, em todo caso destinados a se dispersarem — que o naufrágio da história fazia atracarem no balcão da loja. Importante era manter vivos certos gestos: continuar tratando esses objetos retangulares de papel, folheá-los, falar com eles, lê-los nos intervalos entre uma incumbência e outra e, por fim, passá-los a outras pessoas. Importante era constituir e manter uma ordem, uma forma: reduzida à sua definição mínima e irrenunciável, é essa precisamente a arte da edição. E assim foi praticada em Moscou entre 1918 e 1922, na Livraria dos Escritores, que atingiu o ápice de sua nobre história quando os fundadores da livraria decidiram, dado que a edição tipográfica era impraticável, iniciar a publicação de obras com um único exemplar escrito à mão. O catálogo completo desses livros literalmente únicos permaneceu na casa de Osorgin em Moscou e acabou disperso. Porém, em sua espectralidade, continuar a ser o modelo e a estrela guia para qualquer um que tente ser editor em tempos difíceis. E os tempos são sempre difíceis.

A orelha das orelhas

A orelha é uma humilde e árdua forma literária que ainda não encontrou sua teoria e sua história. Para o editor, a orelha muitas vezes oferece a única ocasião para abordar explicitamente os motivos que o levaram a escolher determinado livro. Para o leitor, é um texto que se lê com suspeita, temendo cair em uma sedução enganosa. Mas mesmo assim a orelha pertence ao livro, à sua fisionomia, bem como a cor e a imagem da capa, e a tipografia com a qual é impresso. Uma civilização literária se reconhece também pelo aspecto com o qual seus livros se apresentam.

Longo e tortuoso é o caminho percorrido pela história do livro antes do nascimento da orelha. Seu nobre antepassado é a *epístola dedicatória*: outro gênero literário, que floresceu a partir do século XVI, no qual o autor (ou o tipógrafo) se dirigia ao príncipe que havia dado sua proteção à obra. Trata-se de um gênero não menos embaraçoso do que a orelha, dado que nesse caso a sedução comercial dava lugar à adulação. Não obstante, quantas vezes, e em quantos livros, nas entrelinhas da epístola dedicatória, o autor (ou o tipógrafo) deixou transparecer sua verdade — e também destilou seu veneno. Em todo caso, deve-se constatar que, no momento em que o livro vem ao mundo, vê-se obrigado a assumir uma forma que gera desconfiança.

Na idade moderna, já não existe um príncipe ao qual se dirigir, mas um público. Ele terá por acaso uma face mais nítida e reconhecível? Engana-se quem crê poder afirmá-lo. Para alguns, talvez seja esse mesmo o engano sobre o qual se funda sua profissão. Mas a história da edição, se observada de perto, é uma história de perenes surpresas, uma história na qual o imprevisto reina. O capricho do príncipe foi substituído por outro, difuso capricho, não menos potente. E as possibilidades de equívoco se multiplicaram. Comecemos pela palavra: quem diz *público* pensa geralmente em uma entidade pesada e incerta. Mas a leitura é solitária, como o pensamento — e pressupõe a obscura e isolada escolha de um indivíduo. O capricho implícito na escolha do mecenas que apoia o escritor (ou o impressor) é no fim das contas menor, porque mais fundamentado, do que o capricho de um leitor anônimo que se aproxima de uma obra e de um autor do qual nada sabe.

Observemos um leitor na livraria: pega um livro, folheia-o — e, por alguns instantes, fica completamente alienado do mundo. Escuta alguém que fala e que os outros não ouvem. Recolhe fragmentos casuais de frases. Fecha o livro, olha a capa. Depois, com frequência, detém-se na orelha, da qual espera uma ajuda. Naquele momento está abrindo — sem saber — um envelope: aquelas poucas linhas, externas ao texto do livro, são de fato uma carta: uma carta a um desconhecido.

Por muitos anos, desde que a Adelphi começou a publicar, nos flagramos tendo de responder a uma pergunta: «Qual é a política editorial da casa?». Era uma pergunta marcada por certo momento histórico, aquele no qual a palavra *política* se imiscuía em tudo, até no café que se tomava no bar. Apesar de sua simplicidade, era porém uma pergunta legítima. Cada vez mais, em nosso século, o editor se tornou uma figura oculta, um ministro invisível que distribui imagens e palavras seguindo critérios não imediatamente claros, que despertam a curiosidade universal. Por acaso publica para ganhar dinheiro, como tantos outros produtores? No fundo, poucos acreditam nisso, até mesmo pela fragilidade do ofício e do mercado. Nasce assim espontânea a dúvida de que, nesse caso, o dinheiro seja suficiente para dar sentido a tudo. Há sempre um *algo a mais* atribuído ao editor. Se existisse (nunca o encontrei) um editor que publique *apenas* para ganhar dinheiro, ninguém lhe prestaria atenção. E provavelmente faliria rápido, confirmando os incrédulos em sua convicção.

Em seus primeiros anos, chamava atenção imediata nos livros da Adelphi uma certa *desconexão*. Na mesma coleção, a Biblioteca, apareceram em sequência um romance fantástico, um tratado japonês sobre a arte do teatro, um livro popular de etologia, um texto religioso tibetano, o relato de uma experiência na prisão durante a Segunda Guerra Mundial. O que unia tudo isso? Paradoxalmente, depois de alguns anos, a perplexidade diante da desconexão se inverteu: o reconhecimento de uma conexão evidente. Em algumas livrarias, onde as estantes são divididas por assunto, encontrei — do lado das etiquetas Culinária, Economia, História etc. — outra etiqueta, com a mesma tipologia gráfica, que dizia simplesmente: Adelphi. Essa singular reviravolta, que se impôs na percepção de alguns livreiros e de muitos leitores, não era injustificada. Pode-se fazer uma editora pelas mais variadas razões, e seguindo os mais diferentes critérios. Hoje, aquilo que parece mais normal em uma grande editora poderia ser formulado assim: publicar livros que correspondam cada um a uma camada daquela imensa constelação que é o público. Existirão assim livros simples para os simples, livros refinados para os refinados, proporcionais à dimensão que se atribui a cada uma daquelas camadas.

A ORELHA DAS ORELHAS

Mas é possível construir um programa editorial seguindo um critério editorial evidentemente contrário. O que é uma editora senão uma longa serpente de páginas? Cada segmento dessa serpente é um livro. Mas e se considerássemos aquela série de segmentos como um único livro? Um livro que compreende em si muitos gêneros, muitos estilos, muitas épocas, mas no qual se continua a prosseguir com naturalidade, esperando sempre um novo capítulo, que a cada vez é de outro autor. Um livro perverso e polimorfo, em que se almeja a *poikilía*, ao «multicolorido», sem negar os contrastes e as contradições, mas em que até mesmo autores inimigos desenvolvam uma sutil cumplicidade, que talvez tivessem ignorado em vida. No fundo, esse estranho processo, pelo qual uma série de livros pode ser lida como um único livro, já aconteceu na mente de alguém, pelo menos na mente daquela entidade anômala que está por trás dos livros: o editor.

Essa visão traz algumas consequências. Se um livro é em primeiro lugar uma forma, também um livro composto de uma sequência de centenas (ou milhares) de livros será, em primeiro lugar, uma forma. Dentro de uma editora do tipo que estou descrevendo, um livro *equivocado* é como um capítulo equivocado em um romance, uma articulação frágil em um ensaio, um borrão em um quadro. Criticar essa editora não será, assim, nada radicalmente diferente de criticar um autor. Essa editora é comparável a um autor que escreva apenas centões. Mas não eram os primeiros clássicos chineses todos centões?

Não gostaria, porém, de ser mal interpretado: não pretendo de nenhum editor que ele se torne um clássico chinês arcaico. Seria perigoso para o seu equilíbrio mental, já ameaçado por tantas armadilhas e seduções. Não menos importante entre elas, e destinada a ter êxito, a sedução que é o perfeito avesso especular daquela que poderíamos chamar *tentação do clássico chinês*. Entendo com isso a possibilidade de se tornar como o «pobre rico» sobre o qual Adolf Loos escreveu, que quis morar em um apartamento concebido em todos os mínimos detalhes por seu arquiteto, e no final se sentiu totalmente deslocado e sem jeito em sua própria casa. O arquiteto o recriminou porque havia ousado colocar um par de pantufas (elas também desenhadas pelo arquiteto) na sala e não no quarto.

Não, minha proposta é que aos editores se peça sempre o mínimo, mas com firmeza. E qual é esse mínimo irrenunciável? Que o editor sinta prazer ao ler os livros que publica. Mas não é verdade que todos os livros que nos deram um certo prazer formam em nossa mente uma criatura complexa, cujas articulações estão, porém, ligadas por uma invisível afinidade? Essa criatura, formada pelo acaso e pela pesquisa obcecada, poderia ser o modelo de uma editora — e por exemplo de uma que já em seu nome revela uma propensão pela afinidade: a Adelphi, precisamente.

As orelhas que escrevi (até hoje, 1.089) registram tudo isso. Desde o início, obedeciam a uma única regra: que nós mesmos as levássemos ao pé da letra; e a um único desejo: que também os leitores, contrariando o usual, fizessem o mesmo. Naquela estreita jaula retórica, menos fascinante, mas tão severa como a que pode oferecer um soneto, tratava-se de dizer poucas palavras eficazes, como quando se apresenta um amigo a um amigo, superando aquele ligeiro embaraço que existe em todas as apresentações, também e sobretudo entre amigos; além de respeitar as regras da boa educação, que impõem não ressaltar os defeitos do amigo que se está apresentando. Mas havia, em tudo isso, um desafio: sabe-se que a arte do elogio não é menos difícil do que aquela da crítica devastadora. E sabe-se também que o número de adjetivos adequados para louvar os escritores é infinitamente menor do que aqueles adjetivos disponíveis para louvar Alá. A repetitividade e a limitação fazem parte de nossa natureza. A verdade é que não conseguiremos jamais variar os gestos que fazemos para levantarmo-nos da cama.

III

Giulio Einaudi

A edição é um ofício no qual a excelência é reservada a pouquíssimos. Se olhamos o mundo inteiro e todo o nosso século, muitos são os editores bons (ou seja: que publicaram bons livros). Muitos são os editores competentes (ou seja: hábeis em publicar livros de todos os gêneros). Poucos são os editores grandes. Certamente em menor quantidade do que os grandes escritores por eles mesmos publicados. Giulio Einaudi foi um dos poucos grandes editores.

Mas como se determina a grandeza de um editor? O tema parece não suscitar muito interesse. É inútil buscar nas histórias da edição, que em último caso oferecem apenas dados úteis e informações sobre os vários contextos. Falta a qualidade do juízo, que deveria ser agudo e circunstanciado, como quando se julga um soneto ou um poema épico. Melhor então voltar às origens, porque em seus primeiros momentos pode acontecer que uma forma se manifeste na plena expansão de todas as suas potencialidades. Assim se deu, por exemplo, na história da fotografia. Quem quiser saber o que a fotografia pode ser começa pelo estudo de Nadar. Mas quem foi o Nadar da edição? Um editor de Veneza, Aldo Manúcio. Foi o primeiro a conceber a edição como forma. Forma em todas as direções: antes de mais nada, obviamente, pela escolha e sequência dos títulos publicados. Assim como pelos textos que os acompanharam (as páginas de abertura que o próprio Aldo escrevia são os nobres antepassados não apenas de todas as modernas introduções e posfácios, mas também das orelhas e das apresentações editoriais, incluindo a publicidade). Também pela forma tipográfica do livro e por suas características de objeto. E aqui é sabido que Aldo foi um mestre insuperável: muitos concordam que o mais belo livro impresso até hoje foi o *Hypnerotomachia Poliphili* (livro, aliás, que se apresentava, no ano de 1499, como um romance bastante árduo de um autor desconhecido ainda vivo: outro símbolo da excelência do editor, não publicar apenas edições rigorosas de clássicos, mas dedicar igual atenção ao novo desconhecido). Dir-se-á que a *Hypnerotomachia* foi uma invenção única, irreproduzível em todos os sentidos. Mas a Aldo se deve também a invenção que teria o mais extraordinário êxito e que se reproduz todos os dias milhões de vezes. Ele inventou o livro de bolso. Foi o Sófocles de 1502. Pela primeira vez um livro se apresentava em um formato e com um tamanho de página que poderia tranquilamente ser retomado por um editor de hoje, quase quinhentos anos depois. Tenho a sorte de possuir um exemplar daquele Sófocles e sei que em qualquer momento posso enfiá-lo no bolso do paletó e sentar-me em um café para ler *Filoctetes*. Uma última observação: a forma de uma editora se observa também na maneira como seus vários livros *estão juntos* (sejam os textos, sejam os volumes em seu aspecto físico), assim como estão juntos o Capítulo 23 e o Capítulo 80 de um longo romance de Dumas ou também o terceiro e o nono dístico de uma elegia de Propércio.

A edição como forma, que é também a forma suprema da edição, nasceu assim na Itália, em Veneza, nos vinte anos finais do século xv. Mas as descobertas geniais podem também ser esquecidas ou eliminadas. A trajetória de Aldo foi como a de um meteoro — e com certeza não se atribuía a ele o comércio tumultuoso dos livros nos séculos seguintes. Assim, a edição se torna principalmente uma atividade muito arriscada e pouco lucrativa (exatamente como hoje), fascinante sob qualquer aspecto, mas desprovida da excelência formal e do rigor que pela primeira vez se manifestaram em Aldo.

Passemos agora bruscamente à Itália dos anos 1930. Dizia Roberto Bazlen que se julga a edição de um país frequentando seus sebos. E uma vez, em poucas linhas memoráveis a propósito de Trieste logo depois da Primeira Guerra Mundial, ele nos fez compreender qual era a diferença entre a edição moderna de língua alemã e a edição italiana:

> É preciso ter visto as bibliotecas que acabaram indo parar nos sebos dos livreiros do gueto, no início do outro pós-guerra, quando a Áustria se esfacelava e os alemães partiam ou vendiam os livros das pessoas mortas durante a guerra. Toda uma grande cultura não oficial, livros realmente importantes e desconhecidos, procurados e reunidos com amor, por gente que lia aquele livro pois tinha verdadeira necessidade dele. Tudo isso me passava pelas mãos e eu descobria coisas que nunca havia pretendido nomear, mas a maior parte, da qual ainda não percebi a importância, deixei escapar. Ainda hoje ouço falar de livros definitivamente impossíveis de encontrar que foram reavaliados nesses últimos vinte ou trinta anos, e que nunca mais encontrarei, e me lembro de que passavam por minhas mãos, nos sebos do gueto, uns trinta anos atrás, empoeirados e prontos para serem comprados, por uma lira, por duas liras. Falo das bibliotecas dos alemães, dos oficiais da Marinha austríacos etc.; se a situação tivesse sido outra, e se tivessem ido embora os italianos, os sebos estariam arqueados sob o peso de Carducci, Pascoli, D'Annunzio e Sem Benelli, acompanhados por Zambini e outros que traziam má sorte.

Naquela Itália onde o fascismo, como se sabe, proibia alguns livros, mas também deixava passar (e sobretudo teria deixado passar, se alguém os tivesse desejado publicar) uma enorme quantidade, o jovem Giulio Einaudi cresceu em uma família da *elite* intelectual que Elena Croce soube descrever com precisão em *Lo snobismo liberale* [O esnobismo liberal]. O jovem Einaudi não é, e nunca será, um leitor. Não tem, e nunca terá, conhecimentos profundos em nenhum assunto. Mas, graças a um dom natural, sabe pôr em prática uma das características peculiares daquela estranha *elite* na qual nasceu: buscar e reconhecer as pessoas «de valor» (como se costumava dizer inocentemente). Além disso tem uma inata elegância, o senso da magia invisível que a aparência estética pode exercer (não posso me esquecer de Gianfranco Contini, que um dia apresenta seu livro *Varianti* [Variantes] na Livraria Seeber de Florença e, folheando o volume com volúpia, o define «gracioso ao tato»). Assim Giulio Einaudi dá início a uma editora que desde o princípio sobressairá entre todas como um animal dotado de uma fisiologia diferente. A Itália daquele período certamente não era um deserto editorial. Os livros sugeridos por Benedetto Croce à Laterza eram de ótimo nível, as publicações iniciais da Medusa eram de ótima qualidade, a coleção Il Pensiero Storico da Nuova Italia oferecia obras fundamentais de importantes estudiosos, de Rostovzev a Walter F. Otto, a

Jaeger, a Schlosser, que nem sempre foram traduzidos em outros países. Mas a visão, em sua totalidade, do balcão de uma livraria italiana devia ser desconfortável naqueles anos, de uma rara tristeza intelectual e física. A verdadeira Europa estava longe dali. E os verdadeiros leitores italianos estavam acostumados a seguir, todo mês, mais do que as novidades dos editores italianos, aquelas da Gallimard.

Giulio Einaudi começou, provavelmente sem que soubesse, a praticar a edição como forma, levado por uma vocação exigente e radical. Mas já nos primeiros anos do pós-guerra sua singularidade devia parecer-lhe evidente, ainda que com certeza ele a tivesse definido de outra maneira. Foi então, de fato, que ele deve ter pensado na imagem do editor como Sumo Pedagogo, ou seja, como soberano que filtra, segundo seus desenhos iluminados, a matéria da qual é feita a cultura para que essa seja pouco a pouco *octroyée* ao povo. A ocasião, sem dúvida, era grandiosa. Depois de vinte anos de fascismo, tudo parecia precisar ser feito ou refeito. Por outro lado, os democratas-cristãos, com sua branda e soberba perspicácia, e sem por isso precisarem fechar um pacto com Mattioli, tinham dado a entender que para eles era suficiente a pura, muda, incessante gestão do poder político e econômico. A cultura poderia, por sua vez, ser administrada pela esquerda, mesmo porque eles, os democratas-cristãos, não eram feitos para frequentá-la e sobretudo porque ela não os atraía. Abandonaram até mesmo o cinema, contentando-se em controlar os decotes. Todavia não tiveram dúvida quando surgiu a televisão — aquilo sim era coisa para eles.

Giulio Einaudi compreendeu tudo isso melhor do que ninguém. Se é verdade que todo editor tende inevitavelmente a ser um pouco autocrata e um pouco don juán (essa última definição é de Erich Linder, que havia conhecido todos os editores), pode-se dizer que a Itália do primeiro pós-guerra mostrava-se como um *hortus deliciarum*. No caso de Giulio Einaudi, o autocrata assumiu, sem pestanejar e como se lhe fosse a coisa mais natural, a tarefa de educar e adestrar todo o povo da esquerda, identificável em primeiro lugar no numeroso grupo de professores, do ensino secundário à universidade, que muito iria contribuir para o sucesso comercial da editora, mas legitimando também o catálogo com as permanentes propostas, quase sempre aceitas, de títulos próprios por questões acadêmicas. Quanto ao dom-juanismo, restava-lhe seduzir centenas de autores dos quais ninguém antes se havia aproximado ou não tinha sabido tratar da maneira adequada. E por vezes se ofereceriam para ser conquistados corpos inteiros de baile: os historiadores poloneses, os semiólogos russos... Assim se dá que, depois da morte de Benedetto Croce e até o início dos anos 1980, Giulio Einaudi foi o homem mais influente da vida cultural italiana. Parece-me que, no excesso de intolerância laica que se seguiu à sua morte, ninguém fez essa constatação elementar. Dessa forma deu-se que um dia, por legítima reação, alguém tenha falado de «ditadura» e «hegemonia» einaudiana. Palavras inscientes, excessivas, ou seja, inadequadas. Não se viam em circulação armas apontadas. E a Itália abrigava, em todo caso, um número suficiente de excêntricos que certamente não se deixam intimidar por uma «hegemonia». Penso que se tratava na verdade de um tácito domínio e uma sutil hipnose. O espontâneo zelo dos súditos era muito superior à *libido dominandi* intrínseca à editora. Obscuramente ligado a tudo isso existe um estranho fenômeno que se observou nas comemorações: os elogios devotos a Giulio Einaudi apareciam muitas vezes contrapostos a seus supostos vícios — em primeiro lugar sua índole caprichosa, a capacidade de colocar um colaborador contra o outro, um certo dandismo, a insolência, a arrogância congênita, uma certa inconsciência. Todavia, penso que justamente essas características tenham feito com que a editora mantivesse seu fascínio por tanto tempo. Giulio Einaudi teve colaboradores de todos os tipos: alguns notáveis (e com frequência pouco ou apenas eventualmente escutados), outros severos e, sobretudo, surdos à qualidade. Se alguns deles pudessem ter publicado livremente seus livros preferidos, creio que o resultado final teria sido penoso, e certamente a forma da editora teria sofrido. Mas não era o próprio Giulio Einaudi a falar da editora como um «coletivo» no qual se tomam «decisões colegialmente», uma oficina onde se produzem incessantemente «instrumentos de trabalho» ou até mesmo como um «serviço público»? Sim, mas essas eram típicas fórmulas tranquilizadoras para uso dos profanos — e sabe-se que os atentos educadores das massas não querem nunca desestabilizar em excesso os leigos (e talvez acabem por acreditar eles próprios nas palavras de circunstância que repetem a cada congresso e a cada entrevista). A prática editorial diária era, ainda bem, muito diferente: no fim, a única pessoa que sabia com precisão sobrenatural o que era e o que não era «um livro Einaudi» era o próprio Giulio Einaudi. Claro, essa última e secreta provação pela qual um livro tinha de passar para ser publicado pela Einaudi deixava aberta a possibilidade de enormes e recorrentes erros de avaliação. Mas, paradoxalmente, isso de certa maneira ajudava a demarcar com caracteres ainda mais nítidos o perfil da casa editorial. Observação que se impõe em nossos anos, em que as editoras, sobretudo as maiores, tendem a apresentar-se como massas informes onde se encontra de tudo, com uma especial inclinação para o pior.

Quis prestar homenagem a um grande editor, que em seus melhores anos teve talvez apenas um que se igualasse a ele: Peter Suhrkamp. Não quero dizer aqui o que acho que faltava em seu catálogo. Posso apenas mencionar que aquilo que faltava era para mim uma vasta parte do essencial. Mas muito longo e labiríntico seria o discurso. Seria necessário um livro *ad hoc*. E isso mostra apenas como Einaudi era precioso, mesmo para aqueles que podiam se opor drasticamente a ele. A esse respeito, gostaria de terminar contando uma pequena anedota. Talvez o momento de maior ambição irrefreável (e por sua vez funesta) da Einaudi tenha sido marcado pelo empreendimento da Enciclopédia. Lembro-me de que, quando apareceu o primeiro volume, um amigo me disse: «Este é o último monumento do sovietismo». Penso que tinha razão. Não porque os textos ali publicados tivessem em si algo de soviético (absolutamente não, eram distantes e iam em uma direção bem diferente), mas porque soviética era a pretensão, implícita na obra, de oferecer a versão correta de como se deve pensar (ainda que, obviamente, apresentando-se de maneira multidimensional, metadisciplinar, fragmentada, interrogativa, transversal, como queria a moda daqueles anos).

Mas eis aqui uma pequena anedota: um dos responsáveis pela Enciclopédia Einaudi me pediu um dia que escrevesse a entrada «corpo». Disse-lhe que me sentia honrado e surpreso, mas espontaneamente lhe perguntei a quem tinha sido comissionada a entrada «alma». «Essa entrada não está prevista», respondeu-me de imediato, como se eu estivesse perguntando algo inconveniente. Naquele instante, ficou claro para mim que nunca nos entenderíamos.

Luciano Foà

Venho me perguntando, nesses últimos dias, se conheci outra pessoa tão difícil de descrever como Luciano Foà. Esforcei-me e por fim tive de constatar que ninguém conseguiria tal proeza. Ainda que impecável em sua amabilidade, Foà era intensamente saturnino, tanto por sua maneira de compreender os outros quanto pela maneira como se manifestava. Fisicamente, inclusive: parecia um escriba egípcio agachado com sua tábua entre as pernas, o olhar firme no horizonte. Como o escriba, sabia que sua função era a de transmitir com a maior precisão algo que deveria ser recordado, quer se tratasse de uma lista de alimentos ou de um texto ritual. Nada mais, nada menos. Interessava-lhe somente ir até o fundo, tocar o fundo pedregoso, se houvesse, das pessoas, alcançá-lo com um escandalho lento, prudente, tenaz. E com o mesmo procedimento, estratigráfico e progressivo, se revelava. Eu, que o conheci quando tinha vinte anos e me encontrava na idade da plena insolência juvenil, demorei algum tempo para perceber sua singular peculiaridade. Mas, quando ela se tornou evidente, descobri-la me deu um sentimento de grande alívio e tranquilidade. Em mais de quarenta anos, nunca ouvi Foà ser enfático ou usar palavras grosseiras. Qualquer coisa que estivesse acontecendo da porta para fora da sala de onde estávamos conversando — e penso que o fizemos, ao longo dos anos, por milhares de horas —, eu sabia com absoluta segurança que Foà não cairia na armadilha. E as armadilhas (políticas, literárias, religiosas, editoriais, psicológicas) — em alguns anos, e eu diria sobretudo nos anos 1960 e 1970, aqueles que foram para nós os mais arriscados e também os mais estimulantes — eram numerosas, quase cotidianas. A década que passou na Einaudi foi fundamental para Luciano, e creio que ele tirou o melhor que esse lugar poderia dar. Mas aquele período de sua vida havia permitido também elaborar a determinação irreversível daquilo que ele *não* queria e *não* gostava. A Adelphi, desde o início, deveria ser algo radicalmente diferente. Entre nós nunca sentimos a necessidade de falar de «projeto», de «instituição», de «percursos», de «guias» — nem mesmo de «política editorial». Nosso acordo era baseado em um vasto subentendido, uma espécie de lago subterrâneo que nutria nossas motivações e escolhas. Falávamos, sem nos determos muito, daquilo que o vento do tempo oferecia — para em seguida voltarmos àquilo que realmente nos interessava: dedicar-mo-nos a algum detalhe de um livro que estava para ser publicado. Porque a regra áurea que Foà sempre aplicou era esta: em uma editora, assim como em um livro, nada é irrelevante, tudo merece atenção plena. Se tantos leitores viram nos livros da Adelphi um algo a mais que em outra parte pode faltar, penso que se trata disso em primeiro lugar. Que se pode remeter à definição de cultura segundo Simone Weil: «Educação da atenção». Não conheço outra definição dessa palavra que seja tão ágil e convincente.

A mais nítida lembrança que tenho de Foà no primeiro escritório da Adelphi, na rua Morigi, é a de uma sala ampla e silenciosa onde sentava alguém que se sentia feliz em fazer aquilo que estava fazendo. E era Luciano que, no caso, estava relendo e revisando a já excelente tradução do teatro de Georg Büchner que Giorgio Dolfini havia preparado para a Adelphi. Lembro-me de como se deteve por um longo tempo em um ponto de *Leonce e Lena* onde se falava de beijo que *phantasieren* sobre os lábios de uma garota. Eram os primórdios da Adelphi e eu estava ansioso para colocar uma porção de coisas em circulação. Mas naquele dia ficou claro também o quanto seria decisivo aquele invisível escrutinar a que estavam submetidas todas as palavras de um livro que logo seria publicado.

Luciano não tinha aquela curiosidade onívora que parece obrigatória no mundo editorial. Amava poucos escritores e sabia que muito dificilmente outros se agregariam, ao longo dos anos, que fossem tão queridos para ele. Em sua mente e em sua sensibilidade era possível reconhecer uma constelação cujos astros eram Stendhal, Kafka, Goethe, Joseph Roth, Robert Walser. Obviamente admirava também muitos outros autores. Mas entre esses escritores e aqueles poucos de sua constelação oculta havia para ele uma diferença similar àquela que sentia entre a maneira de ser de Roberto Bazlen e a de tantos outros personagens diversamente notáveis e fascinantes que havia encontrado. Sua escolha, evidente, recaía em Bazlen, Roth, Walser. Na vida cotidiana, Foà se mostrava muito ágil na compreensão e no diálogo. Era sempre afetuoso com seres completamente opostos, que admirava sem reservas, como Giorgio Colli, Sergio Solmi ou Mazzino Montinari. E uma sólida amizade o unia a pessoas absolutamente diferentes como podiam ser Erich Linder, Silvio Leonardi ou Alberto Zevi, que permaneceria muito ligado à Adelphi e ao próprio Luciano até o fim.

A grandeza de Foà se via em primeiro lugar em uma característica mais difícil: na opinião. Podia ser desconfiado ou mesmo sentir alguma dificuldade de se aproximar de certos livros e pessoas de qualidade, mas nunca, em mais de quarenta anos, eu o vi conquistado por algo ou alguém inconsistente. Havia nele uma enorme capacidade de perceber o som falso das pessoas e das coisas — aquele som pelo qual somos cercados com tanta frequência. Se me pergunto a que se devia essa inflexível clarividência de opinião — e, fique claro, sobretudo da opinião negativa, porque para chegar a uma opinião positiva Foà deixava sempre aberta a estrada e dava tempo ao tempo —, se me pergunto a que remetê-la no delicadíssimo equilíbrio de sua pessoa, penso que não posso deixar de me referir àquilo que talvez fosse o temor secreto e quase obsessivo de Foà: o tema da graça, no sentido teológico da palavra, que por sua vez abarca tudo. Quando saíamos ou nos encontrávamos à noite, com frequência com a muito amada e generosa Mimmina, que alegrava sua vida, e às vezes com poucos amigos, tendencialmente sempre os mesmos, quantas vezes vi Luciano, indiferente aos argumentos dos quais se tinha falado durante a noite, fixar a atenção naquela palavra, inusual em qualquer conversa. Mais do que as ideias, mais do que o talento ou do que o gênio, mais do que tudo para ele contava aquela palavra. A verdadeira distinção, decisiva e infinitamente obscura, estava em ser tocado ou não pela graça. De qualquer teologia, esse era o único evento que o atingia profundamente. É suficiente essa maneira de pensar, em sua impenetrável singularidade, para que se compreenda como Foà pairava, solitário, no mundo em que havia crescido e do qual participara com cada fibra. Que sua lembrança possa nos acompanhar e nos transmitir algo da sábia paixão que Foà dedicou à Adelphi.

Roger Straus

É fácil imaginar que todos nós, esta noite aqui sentados a estas mesas, tenhamos motivos para sermos gratos a Roger. Motivos presumivelmente pessoais e talvez secretos, por isso não falarei deles. Mas tentarei dizer algumas palavras a respeito da gratidão que certamente une todos nós. Roger, de fato, mais do que qualquer outro, nos ajudou a resolver o mistério que reside na seguinte questão: por que é tão divertido ser editor? Certamente, não quero dizer que se trata de uma questão de interesse geral. Não penso, na verdade, que no vasto mundo existam muitas pessoas que se façam essa pergunta. Ao contrário, segundo alguns, apenas uma pessoa com certo distúrbio se faria uma pergunta desse tipo. Mesmo assim tais pessoas existem e, de forma consciente ou não, são obcecadas por essa questão. Mas quem seriam? Os próprios editores. Com certeza não pelo dinheiro, como demonstra amplamente a história da edição; nem pelo gosto do poder, visto que o eventual poder do editor não pode ser mais que fugaz e elusivo, frequentemente incapaz de resistir a mais do que uma breve estação. E rogo para que ninguém pense na palavra «cultura», porque, ao menos entre pessoas educadas, a etiqueta exige que não seja pronunciada.

O que resta então senão o puro divertimento? Observando a expressão nos rostos de muitos dentre nossos colegas aqui em Frankfurt, não se diria isso. Mas, se pensamos em Roger, essa é uma crença inevitável. Era suficiente passar cinco minutos com ele para entender que, se a atividade do editor não é sacudida com frequência por alguma risada, provavelmente algo não deve estar funcionando. Por isso, se nossa vida de editores não oferece suficientes ocasiões para rir, isso significa apenas que não é suficientemente séria. E Roger era um editor muito sério. Para Roger, livros, autores e editores estavam ligados por uma áurea corrente de histórias. E, quando alguém se encontra no meio de uma sequência de histórias, é um bom sinal rir ou sorrir com frequência, no mínimo para fazer contraponto às próprias histórias, que podem ser muito sombrias. Assim, a vida de um editor contribuiria para essa corrente com um tesouro de relatos orais, os quais obviamente correm o risco de se perder, caso ela se interrompa. No caso de Roger, sabemos que não temos nada a temer, porque a chave para a mina de suas histórias se encontra nas sólidas mãos de uma única pessoa: Peggy Miller. E tenho certeza de que Jonathan Galassi manterá essa tradição, além de tantas outras da editora. Roger era o fascinante, severo e confiável guardião dessas histórias, similar a um daqueles magníficos chefes indianos retratados por George Catlin, nos quais Baudelaire havia reconhecido os arquétipos do dândi. Algo assim me vinha à mente quando o via na mesa de seu escritório, no estande aqui em Frankfurt ou diante de um martíni no Union Square Cafe. Todos nós aprendemos com suas histórias — que ele tinha o costume de contar com sua irresistível voz arrastada —, um certo número de coisas preciosas às quais não teríamos tido acesso de outra maneira. Como editores, não podemos esperar nada melhor que conseguir seguir aquela linha, tentando tomar parte naquele divertimento que Roger soube disseminar na edição por tantos anos. Por fim, se temos de nos ater a uma regra, que ao menos seja àquela que Joseph Brodsky — que era, por sua vez, um de nossos vínculos mais fortes — formulou certa vez falando de Roger: «Se está em dúvida, escolhe sempre o caminho mais generoso».

Quando morre um editor, geralmente seu nome aparece nos jornais seguido pelo nome de *seus* autores, como se fossem medalhas. No caso de Roger, tenho certeza de que seus melhores autores teriam orgulho de ver seu nome e os títulos de seus livros seguidos por estas simples palavras: «Era publicado por Roger Straus».

Peter Suhrkamp

Os historiadores dedicam-se hoje com afinco a pesquisar materiais que por longos anos, erroneamente, não eram considerados legítimas fontes de história: a moda, a alimentação, a etiqueta e os instrumentos agrícolas. Mas existem certos objetos de estudo que parecem mais difíceis de serem descobertos, talvez porque, de tão evidentes, volumosos e massivos, não são sequer percebidos.

Um exemplo: nenhuma dentre as tantas histórias literárias e culturais do século XX considera, a não ser de maneira oblíqua, aquela forma *flamboyant*, ao mesmo tempo policéfala, brutal e refinada que o editor e as editoras assumiram em nosso século. E, todavia, uma história da edição nesses últimos oitenta anos seria muito mais útil e reveladora do que certos tristes manuais que atuam por movimentos e manifestos, misturando de forma ecumênica o irrelevante e o essencial e explicando passivamente que o expressionismo tinha o grito, enquanto o surrealismo tinha o onírico e o dadaísmo tinha o absurdo.

Quem é o editor, naquela sua peculiar fisionomia que começou a se delinear com o início do século? Um intelectual e um aventureiro, um industrial e um déspota, um enganador e um homem invisível, um visionário e um pragmático, um artesão e um político. É Alfred Vallette, que dizia não ler nunca os livros que publicava nas minúsculas salas da Mercure de France, que dizia saber só as contas da cozinha, mas sua cozinha abrigava Jarry e Léautaud, Schwob e Remy de Gourmont, Bloy e Valéry.

É Kurt Wolff, o «nobre jovem», como chamava Kraus, que no arco de poucos anos publica escritores estreantes, ou quase, entre os quais: Franz Kafka, Gottfried Benn, Robert Walser, Georg Trakl. É Gaston Gallimard, que partindo do grupo soberbo de uma revista que esnoba orgulhosamente o público e de uma capa branca com duas linhas vermelhas e uma preta, constrói uma Companhia das Índias do papel impresso.

Entre esses personagens, frequentemente muito mais romanescos do que muitos dos romances que publicavam, o último de uma certa estirpe e também o único que inventou uma editora depois da Segunda Guerra Mundial, está Peter Suhrkamp.

Vinha de uma família de camponeses e artesãos do Norte alemão, e manteve uma forte marca artesanal em sua atividade, que para ele era antes de mais nada a arte de «traduzir» um bloco de folhas datilografadas em um livro. Suhrkamp era um homem que ninguém, nem mesmo entre os mais caros amigos, jamais conseguiu conhecer. Todos tiveram a impressão de se chocar, em determinado momento, contra algo impenetrável, rochoso e melancólico. Entrou tarde na edição — e foi Bertolt Brecht a introduzi-lo. Durante o nazismo, conseguiu a incrível façanha de proteger de qualquer intromissão a mais prestigiosa editora alemã, que Samuel Fischer havia fundado em 1886. Mas o rancor que os chefes nazistas nutriam por ele enfim explodiu: foi encarcerado em um campo de concentração do qual saiu com a saúde muito abalada.

Depois de complexas vicissitudes, em 1950, quando estava com 59 anos, fundou a editora que leva seu nome. Hesse e Brecht eram então os grandes autores da casa: incomparáveis entre si, Suhrkamp era amigo e admirava igualmente ambos — e isso já nos dá uma ideia da peculiaridade intraduzível de seu modo de ser. Entre 1950 e 1959, trabalhando intensamente, muitas vezes interrompido por longos períodos em clínicas, delineou com segurança o perfil da nova editora: paradoxalmente, com um programa que definia de *elite*, sem sentir por isso nenhum sentimento de culpa, Suhrkamp colocava assim as bases do sucesso difuso e mundial que alguns de seus autores teriam em nosso tempo: não apenas Brecht e Hesse, mas Adorno, Benjamin, Bloch.

Quando, em 1955, apareceu a famosa edição dos escritos de Benjamin organizada por Adorno, Suhrkamp se perguntava se aqueles dois volumes encontrariam na Alemanha uma dúzia de leitores sinceros. De fato, no primeiro ano, as livrarias venderiam 240 cópias. A clarividência de Suhrkamp se revelou também na escolha de seu sucessor: uma pessoa completamente diferente dele, Unseld, o qual, porém, manteria com fiel determinação a linha do fundador. Assim, em 25 anos, foi se formando aquela que George Steiner definiu como «cultura Suhrkamp», em que encontramos quase todo o melhor da cultura alemã *crítica* depois da guerra. Hoje o momento é delicado para aquela cultura: a Escola de Frankfurt, depois da morte de Adorno, sobrevive sobretudo como paródia de si mesma e as raras surpresas recentes da narrativa vieram de escritores austríacos como Thomas Bernhard, que descendem de uma tradição em muitos aspectos incompatível com a Alemanha. Em todo caso, para quem quiser, um dia, aproximar-se daquilo que aconteceu na cultura alemã, entre misérias e grandezas, na segunda metade do século XX, o melhor guia será o catálogo da editora criada por Peter Suhrkamp.

Vladimir Dimitrijević

Conheci Vladimir Dimitrijević no início dos anos 1970 na Feira de Frankfurt. Agora, todos nós costumamos ler periodicamente condenações ferozes a esse lugar e a essa ocasião, que seria o exemplo mais terrível da confusão das línguas e da submissão da cultura ao comércio. Nunca compartilhei dessa condenação. Ao contrário, sou fascinado pelo lado caótico da feira; e também a relação entre o dinheiro e as letras me parece pelo menos digna de interesse. Mas a razão definitiva para defender a Feira de Frankfurt, a razão que para mim derruba qualquer argumento contrário é precisamente o fato de que conheci Dimitrijević. Até aquele momento eu sabia apenas uma coisa a respeito da L'Âge d'Homme: que todas as vezes que me detinha em um autor eslavo, descobria logo em seguida que fora publicado ou anunciado pela L'Âge d'Homme. E tinham me dito que por trás daquela sigla havia um certo Monsieur Dimitrijević.

Quando o conheci, notei imediatamente algo estranho e raro; entre nós dois havia uma cumplicidade, sem que soubéssemos o porquê e de que maneira. Começamos a falar de livros e aquele diálogo nunca mais parou, até hoje. Creio que tudo aconteceu assim porque tínhamos uma convicção em comum: pensamos, nós dois, que falando de livros se entra em um espaço muito mais amplo, muito mais leve e muito mais livre do que quando se fala do mundo ou, pior ainda, das próprias coisas. Talvez alguém se torne editor apenas para prolongar ao infinito uma conversa sobre os livros. Quando li as páginas emocionantes dos diálogos de Dimitrijević com Jean-Louis Kuffer, nas quais ele fala de sua juventude em Belgrado, encontrei aquela febre, aquele fervor secreto que deve nutrir a imensa paciência do editor. Em suas conversas com Kuffer, Dimitrijević usou duas palavras para definir o ofício do editor: *barqueiro* e *jardineiro*. Essas duas palavras, para um ouvido pouco experiente, podem parecer sinal de modéstia. Penso, ao contrário, que revelam a mais alta ambição. Tanto o barqueiro quanto o jardineiro aludem a algo que preexiste: um jardim ou um viajante a ser transportado. Todo escritor possui em si mesmo um jardim a ser cultivado e um viajante a ser transportado: nada mais. Do contrário, teria de se relacionar com um personagem muito menos interessante, que é seu próprio Eu. Mas as duas palavras usadas por Dimitrijević não são apenas o sinal da mais alta ambição. Para mim são também a evocação de um sonho muito antigo. Pois bem, penso que, se não se tem uma imagem do paraíso, é muito difícil ser um grande editor. E um paraíso — qualquer que seja a forma que assuma — será sempre um jardim com um curso d'água. Essa imagem, porém, deve ser bem escondida. E aquilo que admiro em Dimitrijević é também sua relação com aquilo que está escondido e com aquilo que se mostra. Nele, aquilo que se mostra é por exemplo o que chamarei seu culto do obstáculo. Dimitrijević pratica o ofício de editor com base em certos obstáculos elementares, como a dificuldade em passar um manuscrito da mesa do escritório a uma tipografia, de uma tipografia a uma livraria, de uma livraria à cabeça de alguém. Dimitrijević se tornou um grande especialista em todas essas etapas. E justamente por isso desenvolveu uma metafísica da alfândega. Com seu furgãozinho, Dimitrijević é assim o mais improvável e mais prático dos editores — e o que acho genial é precisamente a coexistência desses dois polos. Isso o coloca em uma posição de desequilíbrio crônico em relação a tudo que o circunda: desequilíbrio que Dimitrijević buscou e por fim encontrou. De fato, se pensamos nos autores e nos livros que Dimitrijević ama acima de tudo e que publicou com a maior paixão, percebemos de imediato que todos eles têm algo além ou aquém daquilo que os circunda: todos têm um certo excesso de alma. Como Charles-Albert Cingria, como Robert Walser, são todos muito pequenos para serem percebidos: exemplos perfeitos daqueles suíços que sabem — cito Dimitrijević — «eclipsar-se sem levantar a voz». Ou ao contrário são como Witkiewicz, Zinov'ev, Caraco, Belyj ou Crnjanski: têm sempre algo excessivo, transbordam das molduras da realidade. Não é por acaso que esses autores, por mais diversos entre si, tenham se encontrado sob o mesmo teto, o de Dimitrijević.

Todo verdadeiro editor compõe, sabendo ou não, um único livro formado por todos os livros que publica. O livro de Dimitrijević seria desmedido, possuído por uma força que brinca com a forma, imantado por uma fidelidade total a uma tribo que já não tem um lugar na terra ao qual pertencer a não ser as páginas desse mesmo livro. É isso, creio, que cria a unidade, que dá forma a uma editora, é isso que permitiu o encontro de Dimitrijević com algumas pessoas essenciais para ele e para a sua editora, como Geneviève, como Claude Frochaux. Entre Belgrado e Lausanne, Dimitrijević realizou uma das viagens mais longas que se pode imaginar, uma aventura desmedida, que poderia ser narrada apenas por um novo Joseph Conrad. Penso sempre nele quando me encontro, no mundo editorial, diante de outros personagens cujas aventuras são na verdade sagas empresariais. Assim, pouco a pouco, com os anos percebi os motivos que justificavam a primeira impressão que tive de Dimitrijević, quando nos conhecemos entre os estandes da Feira de Frankfurt: a impressão de que de um lado estavam aquelas centenas de editores ao nosso redor e do outro estava ele, Dimitrijević, o barqueiro, o bárbaro, como às vezes gostava de se apresentar. Aquele que chegou à Suíça com doze dólares no bolso e fez sua primeira pergunta em inglês, porque ainda não sabia nada de francês, a um livreiro da livraria Payot de Lausanne: «Who is Amiel?». O que Dimitrijević não contou, mas que sabemos, é que a primeira boa edição do *Journal intime* [*Diário íntimo*] de Amiel seria publicada pela L'Âge d'Homme alguns anos mais tarde.

Tive assim a impressão de que o desequilíbrio vivificador de Dimitrijević era suficiente para balancear o equilíbrio por demais estável e um pouco triste de tantos outros. Desejo-lhe, desejo a todos nós, que aquele desequilíbrio vivificador perdure por muito tempo.

IV

Faire plaisir

O mundo da edição vive hoje um agudo paradoxo. Por um lado, todos querem ser editores. Se um produtor pudesse dizer que é o editor de um objeto da produção, com certeza o faria de imediato. Ser editor conserva algo de infausto e prestigioso, como se se tratasse de uma função superior àquela do mero produtor. Por outro lado, há quem pretenda, com declarações cada vez mais frequentes e agressivas, que a própria função do editor seja tendencialmente supérflua. Entrevê-se um futuro no qual o editor poderia se tornar uma figura atávica, um órgão residual, que para ser explicado teria de retroceder algumas eras, em direção à pré-história. As incessantes diatribes sobre o *self-publishing* têm esse pressuposto.

Mas como e quando (na verdade, poucos anos atrás) se criou essa situação? O mundo está vivendo uma espécie de invasão informática, que já atingiu uma fase de paroxismo. Seu principal artigo de fé é a acessibilidade imediata a tudo. O tablet, ou qualquer outro *device* (é importante manter os termos ingleses porque somente nessa língua os objetos em questão emanam sua aura sagrada), deve garantir que qualquer coisa esteja ao alcance (literalmente, enquanto evocável pelo simples *touch*). E não só: isso deve acontecer dentro de um número mínimo de centímetros quadrados. O *device* tende assim a se tornar um cérebro--sombra, bidimensional e desprovido da desagradável consistência viscosa do cérebro humano.

Diante de uma visão tão grandiosa, que se expande e se aperfeiçoa dia a dia, o editor surge então como um insignificante obstáculo, uma passagem intermediária da qual ninguém mais sente a necessidade, ali onde a disponibilidade imediata é o *desideratum* compartilhado e almejado por todos. Imediatez: eis a palavra decisiva. Como a «vontade geral» de Rousseau é algo que deveria no fim tornar inúteis tantas instituições intermediárias — e possivelmente cancelá-las todas, para evitar sua influência maligna —, assim a informática tende, como em direção ao seu lugar utópico, a uma situação em que, tudo estando conectado com todos, disso resulte um *ordo rerum* para o qual cada um poderia dizer ter contribuído. Seria essa a paródia perfeita daquele mundo arcaico que se regia sobre a rede dos *bandhu*, as «conexões» das quais falam os textos védicos. Seria a realização daquilo que René Guénon vaticinou sob o nome de «contrainiciação».

FAIRE PLAISIR

Se um mundo assim é desejável ou não é uma questão que não parece, para a maioria, ter um caráter de urgência, já que se pode muito bem direcioná-la para algum *talk show* e deixá-la ali encalhada. Parece urgente, ao contrário, sempre um passo a mais na miniaturização e multiplicação das funções informáticas, como se o movimento perpétuo tivesse se tornado a imagem especular do perfeito estatismo que reivindicavam os sacerdotes egípcios, quando disseram a Heródoto que por 11.340 anos «nenhuma das coisas do Egito teria sofrido mudanças».

Nesse processo turbulento, que nos envolve como uma *nuvem do conhecimento* — uma vez mais em correspondência especular com o *cloud of unknowning* do grande e anônimo autor inglês do tratado místico assim intitulado e ao mesmo tempo recorrendo a uma das mais flagrantes palavras do culto digital, que é precisamente *cloud* —, haverá algum elemento que *se perde* ou a que se assiste em vez de se expandir e se intensificar de elementos que já existiam? A investigação poderia ser longa, com resultados até mesmo ambíguos. Mas, se se restringe o campo à edição, pode-se dizer com certeza que a *nuvem do conhecimento* (ou, mais precisamente, *a nuvem da informação*, mas não é precisamente a distinção entre informação e conhecimento que fica embaçada?) sabe prescindir de um elemento: do *juízo*, aquela capacidade primordial de dizer não. Mas o juízo era justo o elemento que fundava a existência do editor, esse peculiar produtor que não precisa de uma fábrica e pode também reduzir ao mínimo sua estrutura administrativa. Imprescindível, ao contrário, foi sempre para ele apenas um gesto: dizer sim ou não diante de um manuscrito e decidir qual a maneira de apresentá-lo. Contudo, se do juízo pode-se tranquilamente prescindir, mais ainda se prescindirá da forma. Na verdade, o discurso sobre a forma poderia se tornar incompreensível num piscar de olhos. Que sentido tem falar de capas, se elas existem apenas nos livros *físicos* (outro termo de metafísica involuntária que se usa hoje em dia)? E de uma capa, o que se pode dizer senão que *vende* ou *não vende*? O que dizer, assim, de *coleções*, noção obsoleta? Em relação à *página*, não apenas é circunscrita aos livros físicos, mas na verdade aparece cada vez mais como um elemento neutro e uniforme. E o texto que acompanha os livros? Trata-se geralmente de elogios bem calibrados na ênfase, unidos a uma modesta combinatória de fórmulas estimulantes, cujo efeito obviamente é tão menor quanto mais frequente é seu uso.

Enquanto tudo isso acontece, como seguem trabalhando os bons editores? Basta abrir as correspondências de Flaubert e dos Goncourt com seu editor Lévy, por volta de 1860, para constatar que se discutiam então coisas idênticas às que se discutem hoje entre autor e editor: em

FAIRE PLAISIR

primeiro lugar, contratos, em que de maneira alternada o editor ou o autor devem assumir o papel do amotinado, os erros nas provas, a publicidade insuficiente, a exposição nas vitrines dos livreiros, as estratégias para conseguir certas resenhas, sua escassa prontidão, a perspectiva de algum prêmio, a ser aceito ou recusado, o entorpecimento crônico do público. Esses elementos da fisiologia editorial permaneceram praticamente intactos. Mudaram apenas os números e as dimensões. Mas não muito. Se o *Discurso sobre o método* de Descartes foi publicado em 2 mil exemplares, hoje uma University Press americana o publicaria talvez, como costumam dizer, em *eighteen hundred copies*. E é inútil fantasiar tiragens altíssimas, mesmo nos maiores mercados. Ainda hoje, se um livro vende mais de 10 mil exemplares, «o editor fica contente» (Sonny Mehta, em uma conversa particular). Qual é então a diferença substancial? Uma vez mais, o juízo. A percepção da qualidade ou falta de qualidade de um livro se torna um elemento cada vez mais evanescente e secundário. Aquele determinado livro é pertinente? Com o que dialoga? É *cool*? É uma tendência ou é antiquado? Funcionaria como e-book? O autor viaja ou não viaja? Ficaria bem na televisão? São algumas questões sopesadas com gravidade. Falar da feiura — ou beleza — de um livro parece incômodo, fora de lugar. Assim acontece dentro das editoras porque assim acontece na psique do vasto mundo. Se um grupo de pessoas que mal se conhecem vê-se conversando sobre livros, em qualquer parte do globo, imediatamente o discurso cairá na questão do formato — eletrônico ou físico — dos livros, sobre as perspectivas econômicas da edição (com as quais todos parecem nobremente preocupados), sobre a maneira tecnologicamente preferível para ler os livros. Raras vezes o discurso se concentrará em um livro em particular, em um escritor em particular. Enquanto o cinema continua ainda a produzir, todo ano, um determinado número de filmes *que não se pode deixar de conhecer*, ao menos de ouvir dizer, o mesmo não vale para os livros. Mesmo indo de um Estado a outro da Europa é fácil constatar que a maioria dos autores mais populares em certo país é totalmente ignorada no país vizinho. Em relação à qualidade, o tema seria difícil de comentar. As confusões, múltiplas. O conhecimento particularizado dos livros muitas vezes é inexistente. A conversa terminaria por girar em torno de fragmentos casuais de informação. E rapidamente, para alívio geral, voltar-se-ia a falar a favor dos ou contra os livros eletrônicos.

Que tarefa resta ao editor? Subsiste ainda hoje uma tribo dispersa de pessoas em busca de algo que seja literatura, sem qualificativos, que seja pensamento, que seja investigação (esses também sem qualificativos), que seja ouro e não de tolos, que não tenha a inconsistência típica desses anos. *Faire plaisir* [agradar] era a resposta que Debussy dava a quem lhe perguntava qual era a finalidade de sua música. O editor também poderia propor-se a *faire plaisir* àquela tribo dispersa, predispondo um lugar e uma forma que a saiba acolher. Tarefa que parece hoje cada vez mais difícil, não porque faltem os elementos para colocá-la em prática, mas porque a multidão do que todo dia se apresenta entorpece o campo visual. E o editor sabe que, se ele mesmo desaparecesse daquele campo, não seriam muitos a percebê-lo.

A obliteração dos perfis editoriais

Quando um dia alguém tentar escrever a história da edição do século XX, irá se encontrar diante de um enredo fascinante, aventuroso e tortuoso. Muito mais do que se encontraria tratando da edição do século XIX. Foi exatamente na primeira década do século XX que se manifestou a novidade essencial: a ideia da editora como forma, como lugar de alta singularidade que abrigaria obras reciprocamente congeniais, ainda que à primeira vista divergentes ou até mesmo opostas, e as tornaria públicas buscando um determinado estilo bastante delineado e bem distinto de todos os outros. Foi essa a ideia — nunca explicitada porque não parecia necessário — em torno da qual alguns amigos se reuniram para fundar duas revistas, *Die Insel* na Alemanha e *La Nouvelle Revue Française* na França, antes que, graças ao impulso de Anton Kippenberg e Gaston Gallimard, respectivamente, às revistas se agregasse uma nova editora fundada sobre os mesmos critérios. Mas a mesma ideia, sempre com uma variação singular e não necessariamente relacionada a uma revista, teria guiado, nos mesmos anos, editores tão diferentes como Kurt Wolff, Samuel Fischer, Ernst Rowohlt ou Bruno Cassirer, e mais tarde, em outros países, Leonard e Virginia Woolf, Alfred Knopf ou James Laughlin. E por fim Giulio Einaudi, Jérôme Lindon, Peter Suhrkamp, Siegfried Unseld.

Nos primeiros casos que citei tratava-se de burgueses abastados e cultos, unidos por certo tipo de gosto e determinada atmosfera mental, que se lançavam à empresa por paixão, sem a ilusão de torná-la economicamente rentável. Ganhar dinheiro produzindo livros era, então e ainda hoje, uma escolha das mais aleatórias. Com os livros, como todos sabem, é fácil perder muito dinheiro, ao mesmo tempo que é árduo ganhar — e em todo caso em quantidades pouco relevantes, úteis sobretudo para continuar a investir. As sortes industriais daquelas empresas foram as mais diversas: algumas casas, como a Kurt Wolff, fecharam em poucos e gloriosos anos; outras, como a Gallimard, estão até hoje vivíssimas e ancoradas às próprias origens. Todas essas editoras haviam desenvolvido um perfil bem nítido e inconfundível, definido não apenas pelos autores publicados e pelo estilo das publicações, mas pelas inúmeras ocasiões — em termos de autores e estilos — em que essas mesmas editoras souberam *dizer não*. E é este o ponto que nos aproxima à atualidade e a

A OBLITERAÇÃO DOS PERFIS EDITORIAIS

um fenômeno oposto a que estamos assistindo: eu o definiria *a obliteração dos perfis editoriais*. Se compararmos a primeira década do século XX e a primeira do século XXI, perceberemos de imediato que são caracterizadas por duas tendências claramente contrárias. Nos primeiros anos do século XX se elaborava aquela ideia da editora como forma que em seguida dominaria todo o século, às vezes marcando decididamente a cultura de certos países em certos anos (como aconteceu com a «cultura Suhrkamp» da qual falou George Steiner a propósito da Suhrkamp de Unseld, em relação à Alemanha dos anos 1970, ou também com a Einaudi de Giulio Einaudi em relação à Itália entre 1950 e 1970). Nas primeiras décadas do século XX assistimos, ao contrário, a um progressivo obscurecimento das diferenças entre os editores. A rigor, como bem sabem os agentes mais atentos, hoje todos competem pelos mesmos livros e o vencedor se distingue apenas porque, vencendo, obterá um título que irá se revelar um desastre ou um sucesso em termos econômicos. Em seguida, depois de alguns meses, quer tenha sido um sucesso ou um fracasso, o livro em questão é engolfado nas trevas da *backlist*: magras trevas, que ocupam um espaço cada vez menor e superficial, assim como o passado em geral na cabeça do hipotético comprador que a editora gostaria de conquistar. Tudo isso se percebe nos programas e nos *catalogues*, aqueles significativos boletins com os quais os livros são apresentados aos livreiros — e que atualmente alcançaram um grau insuperável de intercambiamento, pela linguagem, pelas imagens (incluídas as fotos dos autores) e motivações sugeridas para as vendas e, por fim, pelo aspecto físico dos livros. Dessa maneira, quem quisesse definir o que uma determinada editora *não* pode fazer, porque simplesmente *não lhe é inato*, se encontraria em grande dificuldade. Nos Estados Unidos pode-se notar que o nome e a marca do editor se tornaram uma presença cada vez mais discreta e por vezes quase imperceptível nas capas dos livros, como se o editor não quisesse se mostrar por demais invasivo. Objetar-se-á: isso se deve às enormes mudanças estruturais que aconteceram e estão acontecendo no mercado editorial. Observação incontestável, à qual se pode responder que tais mudanças não seriam *por si só* incompatíveis com a continuidade daquela linha editorial como forma da qual falei no início. Sem dúvida, uma das noções hoje veneradas em quase todos os setores da atividade industrial é a da *marca*. Mas não existe marca que não se fundamente em uma nítida, precisa seletividade e idiossincrasia das escolhas. Do contrário, a força da marca não consegue ser elaborada e se desenvolver.

Meu temor é outro: a drástica mudança nas condições da produção pode ter induzido muitos a crerem, erroneamente, que aquela certa ideia da edição que caracterizou o século xx esteja agora, no iluminado novo milênio,

A OBLITERAÇÃO DOS PERFIS EDITORIAIS

obsoleta. Julgamento apressado e sem fundamento, ainda que seja necessário reconhecer que há algum tempo não se vê nascerem empresas editoriais inspiradas naquelas velhas e sempre novas ideias. Outro sintoma desolador é uma certa falta de percepção da qualidade e vastidão da obra de um editor. Durante o verão de 2011 faleceram duas grandes figuras da edição: Vladimir Dimitrijević, editor da L'Âge d'Homme, e Daniel Keel, editor da Diogenes. Sua obra é testemunhada pelos catálogos que compreendem milhares de títulos com os quais um adolescente ávido por leituras poderia felizmente se nutrir por anos. Mas muito pouco de tudo isso transparecia na imprensa que comentou o falecimento deles. De Daniel Keel se dizia, por exemplo, que era um «amigo de seus autores», como se essa característica não fosse um requisito óbvio para qualquer editor. E além disso nunca falta nos necrológios de certos *editors*, aos quais se reconhece ter seguido amorosamente os próprios autores. Mas um editor é bem diferente de um *editor*. Editor é quem desenha o perfil de uma editora. E, acima de tudo, é pelas virtudes e pelos defeitos desse perfil que deve ser julgado e recordado. Caso ainda mais constrangedor, a *Frankfurter Allgemeine* observa que Daniel Keel havia criado uma terceira possibilidade entre a «literatura séria» e a «literatura de entretenimento». Mas, para Keel, a estrela guia de seu gosto literário era Anton Tchekhov. Deveríamos incluir também Tchekhov naquela terra de ninguém que não é ainda «literatura séria», porém vai além da «literatura de entretenimento» (e, no caso da Diogenes, poderia incluir escritores como Friedrich Dürrenmatt, George Simenon ou Carson McCullers)? A triste suspeita é que nesses juízos exista uma inconsciente vingança póstuma por um feliz slogan que Daniel Keel um dia inventou: «Os livros da Diogenes são os menos aborrecidos». O pressuposto não contornável daquela frase é que, à medida que o tempo avança, apenas a qualidade não torna as coisas enfadonhas. Mas, se a percepção da qualidade em tudo aquilo que define um objeto — seja um livro ou uma editora — é eclipsada, porque a própria qualidade aparece como um fator irrelevante, abre-se o caminho para uma implacável monotonia, em que a única emoção virá das grandes sacudidas galvânicas, dos grandes adiantamentos, das grandes tiragens, dos grandes lançamentos publicitários, das grandes vendas — e com igual frequência das grandes devoluções, destinadas a alimentar a florescente indústria da reciclagem de papel.

Por fim, parece cada vez mais evidente que, para a tecnologia informática, o editor é um peso, um intermediário do qual se abriria mão com prazer. Mas a suspeita mais grave é que, nesse momento, os editores estejam colaborando com a tecnologia para se tornarem, eles próprios, supérfluos. Se o editor renuncia à sua função de primeiro

A OBLITERAÇÃO DOS PERFIS EDITORIAIS 155

leitor e primeiro intérprete da obra, não se vê por que a obra deveria aceitar entrar no quadro de uma editora. É muito mais conveniente delegar a tarefa a um agente e a um distribuidor. Seria o agente, assim, a exercer o primeiro julgamento sobre a obra, que consiste em aceitá-la ou não. E obviamente o julgamento do agente pode até ser mais agudo do que aquele que, uma vez, foi o julgamento do editor. Mas o agente não dispõe de uma forma e nem a cria. Um agente tem apenas uma lista de clientes. Ou, do contrário, seria possível aventar uma solução ainda mais simples e radical, segundo a qual sobrevivem apenas o autor e o (gigantesco) livreiro, que terá reunido em si as funções de editor, agente, distribuidor e — talvez até mesmo — cliente.

É natural, assim, se perguntar se isso significaria o triunfo da democratização ou, ao contrário, de uma insensibilidade geral. Eu, particularmente, pendo para a segunda hipótese. Quando Kurt Wolff, um século atrás, publicava em sua coleção «Der Jüngste Tag», «O dia do juízo», prosadores e poetas estreantes cujos nomes eram Franz Kafka, Robert Walser, Georg Trakl ou Gottfried Benn, aqueles escritores encontravam imediatamente seus primeiros e raros leitores porque havia algo atraente já no aspecto daqueles livros, que se apresentavam como sóbrios cadernos negros com etiquetas e não eram acompanhados nem por declarações programáticas, nem por campanhas publicitárias. Mas subentendiam algo que se podia já perceber no nome da coleção, um *juízo*, a verdadeira prova de fogo para o editor. Na ausência daquela prova, o editor poderia até sair de cena sem ser quase notado e sem suscitar muitos lamentos. Mas então deveria também buscar outro ofício, porque o valor de sua marca seria próximo de zero.

A folha solta de Aldo Manúcio

A meio milênio de seu início, o ofício do editor ainda não conseguiu conquistar uma sólida reputação. Um pouco mercador, um pouco empresário de circo, o editor sempre foi considerado com certa suspeita, como um habilidoso logrador. Contudo, pode acontecer que um dia o século que acabamos de deixar para trás venha a ser considerado a idade de ouro da edição. Seria inútil reconstruir a cultura francesa do século XX sem seguir em todos os seus meandros a evolução da Gallimard; ou, ainda, caso se investigue um período mais restrito, adentrar o clima intelectual dos anos 1970 sem se referir à hipnótica intimidação que emanava das Éditions du Seuil; assim como bem pouco se compreenderia da cena alemã dos anos 1960 em diante sem considerar os efeitos da Escola de Frankfurt, a cultura italiana do pós-guerra caso se ignorasse a alta pedagogia da casa Einaudi; por fim, seria incongruente percorrer o panorama acrobático da Espanha, dos anos de Franco aos atuais, sem ter em mente o catálogo cronológico de três editores de Barcelona: Carlos Barral, Jorge Herralde e Beatriz Tusquets. É bem fundamentada a sensação de que, para delinear o perfil de uma cultura, seja ainda mais significativo percorrer a paisagem editorial do que o panorama acadêmico, em que hoje os grandes estudiosos vivem uma espécie de forçado isolamento, mais ou menos feliz dependendo dos países e dos orçamentos das diferentes universidades.

Mas é plausível que a era de ouro do século passado da edição continue no século XXI? Aqui as dúvidas pululam — e são de diferentes tipos. A primeira diz respeito a certa maneira de considerar o próprio ofício que hoje é dominante entre os editores. De fato, a edição deveria estar atenta não apenas em relação ao Google, mas também em relação a si mesma, à cada vez mais frágil convicção de sua própria necessidade. Em primeiro lugar nos países anglo-saxões, que são a ponta de lança da edição, dado o predomínio da língua inglesa. Se entramos em uma livraria de Londres ou Nova York, é cada vez mais difícil reconhecer as editoras presentes no balcão reservada aos lançamentos. Com suma discrição, o nome da editora é frequentemente reduzido a uma ou mais iniciais na lombada do livro. As próprias capas são todas diferentes — e em certo sentido excessivamente iguais. Oferecem sempre uma tentativa de empacotamento, mais ou menos bem-sucedido, de um texto. E cada uma vale por si mesma, obedecendo ao princípio do *one shot*. Quanto aos autores, seus livros se encontram sob a marca de uma determinada editora e não de outra, como consequência principalmente das negociações entre o agente do autor e aquele determinado editor, além das relações pessoais entre o autor e um determinado *editor*. Enquanto a editora, por sua vez, torna-se o elo tendencialmente superficial da corrente. Obviamente permanecem notáveis diferenças de qualidade entre as editoras, mas dentro de um leque que apresenta em um extremo o *muito comercial* (associado à vulgaridade) e em outro extremo o *muito literário* (associado à sonolência). O que está no meio é uma série de gamas nas quais se situam as várias marcas. Assim Farrar, Straus and Giroux estará mais próxima ao extremo «literário» e St. Martin's ao extremo «comercial», mas sem que isso implique nenhuma consideração ulterior — e sobretudo sem que se excluam invasões de campo: o editor literário poderá ocasionalmente ser tentado por um título comercial, com a esperança de ver florescer a própria conta, e o editor comercial poderá sempre ser tentado, dado que a aspiração ao prestígio é uma erva daninha, pelo título literário.

O que é penoso nessa subdivisão — que na verdade corresponde a determinado estado mental — é em primeiro lugar o fato de que é falsa. No leque que acabei de descrever é claro que Simenon ou uma hipotética reencarnação sua, para dar apenas um exemplo, deveriam ser incluídos na zona altamente comercial — e por isso não passível de avaliação literária; e é claro que muitos daqueles que pertencem à funesta categoria dos «escritores para escritores» deveriam ser automaticamente posicionados no extremo literário. E isso ocorre em detrimento tanto do divertimento quanto da literatura. O verdadeiro editor — visto que esses seres estranhos ainda existem — nunca raciocina em termos de «literário» ou «comercial». Mas, sim, nos velhos termos de «bom» e «ruim» (e sabe-se que muito frequentemente o «bom» pode ser negligenciado e não reconhecido). Sobretudo, o verdadeiro editor é aquele que tem a insolência de pretender que, em princípio, nenhum de seus livros caia das mãos do leitor, por tédio ou por um invencível sentimento de estranheza.

Há mais ou menos um século nasciam ou davam os primeiros passos algumas dentre as mais importantes editoras do século XX: Insel, Gallimard, Mercure de France. Tinham dois elementos em comum: haviam sido constituídas por um grupo de amigos mais ou menos abastados — todos marcados por certas inclinações literárias; e, antes de se tornarem editoras, tinham sido revistas literárias: *Die Insel*, *La Nouvelle Revue Française*, *Mercure de France*. Em seguida, dos vários grupos se destacaria a figura daquele que se tornaria o editor: Anton Kippenberg,

Gaston Gallimard, Alfred Vallette. Hoje uma experiência similar seria impensável, porque os pressupostos mudaram. Além disso, já não existe — ou ao menos perdeu a sutil e delicada relevância que tinha — a própria categoria da revista literária. A única publicação periódica que manteve uma autoridade e uma influência inquestionável é a *New York Review of Books*, que se apresenta, porém, em primeiro lugar como uma revista de resenhas — portanto, diferente daquela forma que talvez tenha atingido sua perfeição por volta de 1930 com os 29 números de *Commerce*, sob as asas invisíveis e protetoras de Marguerite Caetani.

Se nos perguntamos o que mantinha tão fortemente unidos aqueles pequenos grupos de amigos no início do século xx, a resposta não é tanto aquilo que queriam (algo frequentemente muito confuso e indeterminado), mas aquilo que rechaçavam. E era uma forma do *gosto* no sentido que Nietzsche dava a essa palavra, ou seja, um «instinto *de autodefesa*» («Não ver, não sentir tantas coisas, não deixar que se aproximem — primeira perspicácia, primeira prova de que não somos um acaso, mas uma necessidade»). Devia ser uma medida realmente perspicaz, já que se provou tão eficaz. Nos dias atuais, cem anos depois e a duas gerações do fundador, a Gallimard é a principal editora da França e se distingue ainda hoje por um certo «gosto Gallimard», que permite perceber com alguma aproximação se um livro pode ou não pode ser da Gallimard. Ainda que tudo tenha mudado ao redor, a fisiologia do gosto que mantinha unidos aqueles pequenos grupos de amigos seria ainda hoje um ótimo antídoto, quando em certas editoras se apresentam periódicas angústias em relação à própria evanescência ou embotamento da identidade. Mas nesse instante se revelaria também que desapareceu em larga medida aquele tecido de sensibilidade que envolvia o gosto — ou ao menos se tornou uma superfície em que os rasgos são mais vastos do que o próprio tecido. Isso não deveria deprimir. Sem dúvida, hoje seria mais árduo e pouco praticável iniciar uma editora com base nas inclinações de um pequeno grupo de amigos. Mas ao mesmo tempo a edição — se apenas quisesse, se apenas ousasse — teria diante de si potencialidades que antigamente não existiam. Nos últimos cem anos a área do *publicável* ampliou-se imensamente, basta pensar na enorme quantidade de materiais antropológicos, científicos, históricos e literários que se acumularam no século XX e aguardam apenas encontrar uma nova forma editorial. Não apenas a Biblioteca, mas todos os livros da Adelphi, desde o início, fundavam-se nesse princípio. Era a tentativa de fazer confluírem os textos e os materiais mais disparatados e mais remotos naquela ampla e turbulenta corrente que leva consigo tudo aquilo que uma mente atenta e ágil pode desejar

A FOLHA SOLTA DE ALDO MANÚCIO 163

ler. De fato, hoje mais do que nunca a edição poderia ter como um de seus primeiros objetivos aquele de *mudar o limiar do publicável*, incluindo entre as coisas factíveis muito daquilo que no momento está excluído. Seria um desafio enorme, não muito diferente do desafio inicial, quando Manúcio atuava em Veneza. E talvez fosse o momento de recordar a carta fundadora da edição. Era uma *folha solta* impressa pelo próprio Manúcio e que sobreviveu por fortuna até hoje em uma cópia colada à encadernação de um dicionário grego da Biblioteca Vaticana. Impressa por volta de 1502, aquela folha continha o texto de um pacto entre estudiosos que preparavam edições de textos clássicos gregos para a editora de Aldo. Nas palavras de Anthony Grafton,

> concordavam falar apenas em grego quando se encontravam, pagar multas se não respeitassem o acordo e usar o dinheiro (caso se acumulasse) para oferecer um simpósio: um generoso jantar que deveria ser muito melhor do que aquele do qual habitualmente desfrutavam os funcionários de Aldo. Outros «filo-helênicos» poderiam vir a ser acolhidos no círculo, ao longo do tempo.

Não é possível saber se as regras daquela Nova Academia de Aldo Manúcio foram aplicadas. Mas pode-se recordar que também as 95 teses de Lutero e a declaração dos direitos do homem e do cidadão de 26 de agosto de 1789 foram originalmente *folhas soltas*. Dito isso, é óbvio que a tendência do mundo e da edição até o momento se direcionou e está se direcionando na direção oposta. «Seria ótimo, mas não é possível»: é uma frase muito frequente no mundo da edição, em toda parte.

Todavia, se voltarmos aos primeiros anos do século XX e àqueles editores que se formaram com base em um sentimento de afinidade entre um pequeno grupo de amigos, será fácil observar que naquela ocasião muitas vezes, com louvável insensatez, aqueles mesmos editores devem ter dito: «Seria ótimo, vamos tentar». Do contrário, não se explicaria como a Insel tenha publicado por tantos anos, em edições de perfeita nitidez tipográfica, certos clássicos franceses (por exemplo, *Do amor* de Stendhal) em francês para o público alemão ou como o editor Eugen Diederichs tenha ousado publicar, no ano de 1914, no limiar da guerra, uma monumental edição in-fólio dos principais Upanishads traduzidos por Paul Deussen, o amigo de Nietzsche. E certamente por aqueles projetos temerários nem a Insel nem Diederichs se arruinaram, se depois de um século são ainda duas importantes siglas editoriais na Alemanha.

Hoje em dia, projetos desse tipo não seriam levados a cabo. Talvez porque os editores não tenham a imaginação adequada para concebê-los? Ou talvez porque —

objetariam alguns — aqueles projetos seriam imediatamente interrompidos por alguns *managers* editoriais? Sem dúvida, um século atrás os editores dos quais falei não tinham *managers*, mas contadores. E isso provavelmente os tornava mais ágeis e mais propensos ao risco. Mas há algo mais. Ao longo dos últimos cem anos, a própria fisionomia do editor mudou, ao menos se assim definimos aquele que conhece os livros que publica e decide que forma devem ter. Se aceitarmos essa definição, a muito poucos se poderá atribuir a qualificação de editor. Provavelmente os dedos de uma mão seriam suficientes para contá-los. Numerosos, cada vez mais numerosos, são por sua vez os *editors*, se *editor* é aquele que descobre, segue, cresce e lança um certo número de livros dentro do catálogo de uma editora. A cada *editor* se atribui uma lista de autores e livros como *seus*. Mas, se uma editora não é concebida como forma, como uma composição autossuficiente e regida por uma alta compatibilidade fisiológica entre todas as suas partes, é muito fácil que se torne um agregado ocasional, incapaz de dar vida a este elemento mágico que até os especialistas de marketing consideram essencial para ter um certo sucesso no mercado: a força da marca.

E aqui se concentra o paradoxo contra o qual se choca o *manager* editorial, figura recente e que hoje permeia o mundo dos livros: de um lado seus textos doutrinais exaltam a importância e o valor da marca, do outro sua maneira de agir não pode mais que diluir e por fim anular a singularidade da própria marca.

Em sua forma platônica, o *manager* editorial se considera o representante de uma doutrina universal que se aplica a tudo, sem exceção, e cujos resultados são avaliados, como por qualquer outra área de sua doutrina, com base em números que aparecem no final de certas colunas de outros números. Aqueles números são as *bottom lines* — e podem ser entusiasmantes, deprimentes, medíocres, aceitáveis, tanto na edição como na produção de botões ou de cosméticos ou de qualquer outro objeto ou serviço colocados à venda. Com o porém de que a edição de livros — aqueles livros que não são manuais, não funcionais, que na Itália recebem o nome involuntariamente cômico de *vários* — constitui um dos ramos mais frustrantes e insidiosos no qual o *manager* pode aplicar sua doutrina. Isso parece excitar ainda mais, em vez de afastar, os representantes da categoria, como se fossem domadores que querem demonstrar que nenhum cavalo, por mais temperamental que seja, pode resistir a eles. Frequentemente acontece que *managers* passem da grande indústria para a edição. Não se tem notícia do contrário, de *managers* formados na edição que depois passam para a grande indústria. Na edição, o *manager* chega para ser devorado e desaparecer ou, ao contrário, para permanecer até o fim, com resultados

A FOLHA SOLTA DE ALDO MANÚCIO

mais ou menos apreciáveis. Em todo caso, até agora não aconteceu que ao nome de um *manager* fosse associado algum evento memorável na edição. Assim também não se dá, como ocorre ao contrário nas relações entre política e mundo acadêmico e financeiro, que haja uma alternância das funções, uma passagem de uma à outra, em que o acadêmico temporariamente emprestado à política retorne mais tarde à vida acadêmica, aumentado as tarifas para os seus giros de conferências, ou o financeiro volte a Wall Street com honorários mais consistentes. O caso de *managers* que tenham feito fortuna na edição simplesmente não existe — ou em todo caso devem ter sido fortunas não relevantes, que não foram inscritas nos anais. Mas se dá com frequência o caso de *managers* da grande indústria que, depois de uma rápida imersão na edição, retornam rapidamente aos territórios que lhes são familiares, pouco antes de provocarem danos irreparáveis (ou, ainda mais frequentemente, logo em seguida). Como explicar essa relutância da edição em se adequar a uma doutrina universal e, até o momento, imaculada como aquela do *management* — ou ao menos alcançar resultados satisfatórios? Aqui é necessário, finalmente, dizer algo sobre a peculiaridade do ramo.

A dimensão econômica do mercado livreiro é bastante modesta, em primeiro lugar. Por isso os bons resultados, ainda que duramente alcançados, não levarão a números que impressionem. É muito mais fácil, ao contrário, chegar a perdas macroscópicas. Suponhamos o caso em que o *supermanager* de um grupo editorial ordene aos seus *editors* que arranquem da concorrência um punhado de autores de best-sellers, a serem conquistados aumentando fortemente os respectivos adiantamentos. E suponhamos (o que não é raro) que todos os novos livros desses autores venham a ser uma decepção — ou que produzam resultados muito inferiores aos adiantamentos. Nesse caso restará apenas o trabalho de transformar em aparas centenas de milhares de cópias, que serão devolvidas pelas livrarias em poucos meses, agravando o balanço do ano seguinte. Nada mais. O livro do autor de best-seller que não atinge seu objetivo comercial na primeira tentativa quase nunca tem uma segunda vida à disposição, como acontece com determinados livros, que podem ser descobertos gradualmente, redescobertos ou ter um imprevisto sucesso em edição econômica. Em relação aos livros ligados à atualidade, publicados com rapidez porque tratam de questões *sobre as quais todos falam*, serão rapidamente deixados de lado pela própria atualidade, que logo obrigará todos a falar sobre outros assuntos. Fica faltando avaliar o efeito da publicidade e da promoção comercial, tema central na doutrina dos *managers*, que ostentam grande respeito pelo marketing. Pois bem, os custos da publicidade e da promoção comercial para um único livro se tornam fácil e claramente um despropósito. Um livro é um dentre os cem, duzentos ou trezentos objetos produzidos

A FOLHA SOLTA DE ALDO MANÚCIO 169

pela mesma empresa que esperam igualmente (ou, pelo menos, cujos autores esperam igualmente) ser promovidos, enquanto um perfume é um objeto único no qual se concentra toda a energia promocional de uma marca. E os vídeos ou as fotografias que acompanham um perfume se deixam notar e recordar mais facilmente do que as campanhas publicitárias para um romance. Kate Moss ou Charlize Theron nunca fizeram publicidade para um romance. Por boas razões. Além disso, um perfume pode ser encontrado, em tese, em centenas de aeroportos, da Ásia à Europa, aos Estados Unidos, enquanto um livro italiano tem no máximo a possibilidade de ser encontrado em uma dezena de aeroportos italianos. Entre os grandes sucessos internacionais dos últimos vinte anos, não há um único livro do qual se possa dizer que foi *imposto* pela publicidade, enquanto sobre muitos produtos de outro gênero pode-se dizer que a natureza do objeto contava menos, na criação do sucesso, do que a eficiência da campanha publicitária que o havia lançado.

Por trás de tudo isso parece delinear-se um cenário plausível: um novo panorama da edição, povoado por muitos *editors*, por ainda mais *managers* editoriais e especialistas em marketing, mas por cada vez menos editores. Temo que muitos nem sequer perceberão a radical mudança. Existem coisas que desaparecem sem quase se fazerem notar. E às vezes são as coisas essenciais. Pouco a pouco se tornará menos frequente a pergunta: quem publicou tal livro?, porque a resposta seria indiferente. Tudo se moveria insensivelmente na direção de um incógnito leitor do qual ouvi dizer certa vez que nunca prestava atenção em quem eram os editores e o autor de um livro. E o que aconteceria, por fim? Os livros continuariam existindo em qualquer caso, bons e ruins. Mas aqueles bons livros apareceriam como eventos esporádicos, isolados, desprovidos de um tecido congenial pronto para acolhê-los. Ademais, não mudaria muito nos balcões de lançamentos dos livreiros. A não ser isto: iria se dissolver uma figura da qual apenas muito tardiamente alguns poucos compreenderão que desempenhava uma função vital — a editora, o conceito de editora e sua forma. O único alívio seria então pensar que aquilo que é mais provável nem sempre acontece. Ou seja, que a virtude nem sempre é punida.

Falei até agora de dois perigos que espreitam a edição hoje em dia: de um lado, a censura dos editores às próprias ideias; do outro, as iniciativas insensatas dos *managers* que sabem muito pouco dos objetos de que tratam (os próprios livros). Mas existe outro perigo, que é aos olhos de todos a luta contra o *copyright*.

Nessa luta que hoje irrompe escondem-se motivos que vão muito além do âmbito do direito de autor. O impulso secreto do movimento é o desprezo por aquilo que o direito italiano define «obras do intelecto».

A recusa em remunerá-las, em uma civilização que proíbe não remunerar os empregados encarregados da limpeza, implica que a obra do intelecto não deve ser considerada um trabalho realizado. Mas, se assim não é, de que maneira ela deverá ser considerada? Como publicidade do autor para si mesmo, em que o pagamento da publicidade ocorreria *in natura* — e seria o trabalho executado pelo autor ao dar forma à sua obra. Nessa perspectiva, o autor não viveria das receitas provenientes das vendas de sua obra, mas do fato de que sua obra provocaria convites para manifestações públicas, comissões, consultorias, residências em *campus* criativos — esses sim retribuídos de maneira adequada. E com isso se reconstruiria um equilíbrio tolerável.

Para que uma concepção como essa comece a fazer parte da opinião comum e por fim se imponha, como de fato está se impondo, ocorre que qualquer obra mental seja considerada *comunicação*: entidade informe, sem início nem fim, composta de sujeitos que contam tanto quanto os sujeitos de uma amostragem estatística. Essa condição ridicularizante e humilhante corresponde ao caráter de *esoterismo coagido* que distingue de maneira cada vez mais evidente o inominável atual. Como nos *sattra*, os ritos védicos mais audazes, desaparecia a distinção entre sacrificante e oficiante — e com ela desaparecia a obrigação dos honorários rituais para os oficiantes (a *daksinā* sem a qual o próprio rito não podia ser considerado eficaz) —, assim no mundo internético tende ao desaparecimento a diferença entre obra e comunicação, entre autor e digitalizador genérico. A consequência é o desaparecimento da obrigação de remunerar o obrar do autor, porque todos são autores. Alguns dentre os mais indefesos produtores de opiniões hoje contemplam esse estado das coisas como uma desejável conquista da democracia, uma globalização que anteciparia outras que se colocariam em ato não apenas na rede. E é essa a forma mais sorrateira e atualizada da *bêtise* que flagelava o mundo nos tempos de Baudelaire e Flaubert, mas obviamente munida de meios muito maiores — além de uma potencial ubiquidade.

Dito isso, não gostaria que ficasse a impressão de que hoje a edição, no sentido que tentei descrever — ou seja, a edição em que o editor se diverte apenas se consegue publicar bons livros —, seja uma causa perdida. Na verdade, é apenas uma causa *difícil*. Mas não mais difícil quanto em 1499, quando Aldo Manúcio, em Veneza, publicou um romance de um autor desconhecido, escrito em uma língua misturada feita de italiano, latim e grego. O formato também não era usual, assim como as numerosas xilografias que pontilhavam o texto. E mesmo assim se tratava do livro mais bonito publicado até hoje: a *Hypnerotomachia Poliphili*. Um dia, alguém sempre poderá tentar igualá-lo.

Nota aos textos

Encontra-se a seguir o elenco dos lugares em que os textos reunidos neste livro apareceram ou onde foram lidos pela primeira vez.

I

Os livros únicos: a primeira parte (pp. 11-27) apareceu no jornal *La Repubblica* em 27-28 dez. 2006; a segunda (pp. 27-71) é inédita; a terceira (pp. 71-80) foi pronunciada por ocasião da inauguração da exposição *Religioni e mitologie: Un itinerario nel catalogo Adelphi*, em 24 dez. 1995 na Biblioteca dei Frati de Lugano.

II

A edição como gênero literário: conferência realizada em Moscou, no Museu Estatal de Arquitetura Shchusev, em 17 out. 2001.

A orelha das orelhas: Prefácio a *Cento lettere a uno sconosciuto* (Milão: Adelphi, 2003).

III

Giulio Einaudi: Corriere della Sera, 15 abr. 1999.

Luciano Foà: La Repubblica, 29 jan. 2005.

Roger Straus: em *Roger W. Straus, A Celebration* (Nova York: Farrar, Strauss and Giroux, 2005, pp. 115-8).

Peter Suhrkamp: Corriere della Sera, 19 out. 1975.

Vladimir Dimitrijević: discurso realizado em Lausanne por ocasião do vigésimo aniversário da editora L'Âge d'Homme, em 6 nov. 1986.

IV

Faire plaisir: texto inédito.

A obliteração dos perfis editoriais: discurso proferido em Paris por ocasião dos trabalhos do Bureau International de l'Édition Française, em 1º dez. 2011.

A folha solta de Aldo Manúcio: discurso pronunciado em Barcelona por ocasião do Fòrum Atlàntida: La función social de l'editor, em 3 nov. 2009.

DAS ANDERE

1 Kurt Wolff – Memórias de um editor
2 Tomas Tranströmer – Mares do Leste
3 Alberto Manguel – Com Borges
4 Jerzy Ficowski – A leitura das cinzas
5 Paul Valéry – Lições de poética
6 Joseph Czapski – Proust contra a degradação
7 Joseph Brodsky – A musa em exílio
8 Abbas Kiarostami – Nuvens de algodão
9 Zbigniew Herbert – Um bárbaro no jardim
10 Wisława Szymborska – Riminhas para crianças grandes
11 Teresa Cremisi – A Triunfante
12 Ocean Vuong – Céu noturno crivado de balas
13 Multatuli – Max Havelaar
14 Etty Hillesum – Uma vida interrompida
15 W. L. Tochman – Hoje vamos desenhar a morte
16 Morten R. Strøksnes – O Livro do Mar
17 Joseph Brodsky – Poemas de Natal
18 Anna Bikont e Joanna Szczęsna – Quinquilharias e recordações
19 Roberto Calasso – A marca do editor

Este livro foi composto nas fontes Lyon Text e GT Walsheim e impresso pela gráfica Formato em papel Pólen Soft 80g/m², em julho de 2020 em Belo Horizonte.